MELHORES POEMAS

Alvarenga Peixoto

Direção
EDLA VAN STEEN

MELHORES
POEMAS

Alvarenga Peixoto

Seleção
ANTONIO ARNONI PRADO

São Paulo
2002

© Global Editora, 2002

Diretor Editorial
JEFFERSON L. ALVES

Assistente Editorial
RODNEI WILLIAM EUGÊNIO

Gerente de Produção
FLÁVIO SAMUEL

Revisão
REGINA ELISABETE BARBOSA
RODNEI WILLIAM EUGÊNIO

Projeto de Capa
VICTOR BURTON

Editoração Eletrônica
ANTONIO SILVIO LOPES

Dados Internacionais de Catalogação na Publicação (CIP)
(Câmara Brasileira do Livro, SP, Brasil)

Peixoto, Alvarenga, 1744-1793.
  Melhores poemas / Alvarenga Peixoto ; seleção Antonio Arnoni Prado. – São Paulo : Global, 2002. – (Coleção melhores poemas)

  Bibliografia.
  ISBN 85-260-0780-7

  1. Poesia brasileira I. Prado, Antonio Arnoni. II. Título. III. Série.

02-5075   CDD–869.91

Índice para catálogo sistemático:

1. Poesia : Literatura brasileira 869.91

Direitos Reservados

GLOBAL EDITORA E DISTRIBUIDORA LTDA.

Rua Pirapitingüi, 111 – Liberdade
CEP 01508-020 – São Paulo – SP
Tel.: (11) 3277-7999 – Fax: (11) 3277-8141
E.mail: global@globaleditora.com.br

Colabore com a produção científica e cultural.
Proibida a reprodução total ou parcial desta obra sem a autorização do editor.

Nº DE CATÁLOGO: **2113**

Antonio Arnoni Prado, ensaísta e professor de teoria literária na Unicamp, nasceu em São Paulo em dezembro de 1943. Professor visitante e conferencista em universidades da Itália, Alemanha, México e Estados Unidos, é colaborador dos principais jornais e revistas do país e autor de *Lima Barreto: o crítico e a crise* (1976), *1922, itinerário de uma falsa vanguarda* (1983), organizador de *Libertários no Brasil – lutas, memória, cultura* (1987), além de co-organizador de *Contos anarquistas: antologia da prosa libertária no Brasil (1901-1935)*, publicados em 1985.

Em 1996 organizou e publicou *O espírito e a letra – estudos de crítica literária*, trabalho que reúne em dois volumes a obra de crítica literária de Sérgio Buarque de Holanda dispersa em jornais e revistas no período que vai de 1920 a 1959, com o qual recebeu o Prêmio Jabuti de melhor ensaio no ano de 1997.

ALVARENGA PEIXOTO, LOUVOR E TORMENTOS

Das poucas referências incontroversas acerca da personalidade de Inácio José da Silva Alvarenga, a mais viva é a de que talvez tenha sido o mais empreendedor dos árcades mineiros. Não bastasse ter cunhado o lema da sedição, que recolheu em Virgílio e hoje tremula no pavilhão de Minas como signo indelével de insubmissão, foi dos poucos, além do malogrado Tiradentes, a incluir o povo no projeto libertário da revolta. Não por acaso, lembrado por Norberto em sua bela história da conjura, ele se destaca entre as vozes mais entusiasmadas em defesa das *idéias que não têm autores* e que pertencem a todos – "muitas cabeças em um só corpo", conforme assinala o crítico, referindo-se a uma frase de Alvarenga a nos revelar que "esse corpo com muitas cabeças é o povo".[1]

Vista na distância do tempo, a observação, que parece circunstancial, é, ao contrário, decisiva se pensarmos nas restrições de ordem moral com que parte da crítica definiu a personalidade do poeta, um homem que – a crer na rigorosa pesquisa de M. Rodrigues Lapa ou mesmo, mais recentemente, nas pon-

---

1. SOUSA SILVA, Joaquim Norberto de. *História da conjuração mineira*. Rio de Janeiro: Imprensa Nacional, 1948. vol I, p. 71.

derações de Kenneth R. Maxwell – beirava a irresponsabilidade do devedor leviano e quase caloteiro, fraco de caráter e mesmo indigno da sua estatura intelectual, ao fraquejar e denunciar os companheiros durante o processo que apurou a sedição de Vila Rica. Para Maxwell, inclusive, Alvarenga Peixoto só teria participado da conspiração movido por razões de ordem material e imediata diante do acúmulo de dívidas que o levaram, por volta de 1788, a enfrentar uma situação econômica quase insustentável.[2]

Norberto, no entanto, confirmando em mais de um passo a extensa documentação compulsada por Rodrigues Lapa,[3] alude ao comprometimento incansável (e também à sinceridade) do poeta, que a certa altura dos acontecimentos, num diálogo com Dr. Maciel acerca da questão dos escravos, teria chegado a exigir – em caso da vitória da sedição – que todos eles fossem libertados. Mesmo advertido por Maciel, para quem a questão dos escravos "era o maior de todos os obstáculos", consta que resistiu a abrir mão da exigência, preferindo correr o risco, em caso de revolta, de ver os negros se insurgirem contra a minoria dos cidadãos livres.[4]

No entanto, muito pouco dessa vocação libertária aparece no que restou da obra de Alvarenga Peixoto depois dos autos de devassa. "Quantas estâncias cheias de viço lírico não teriam sido inutilizadas

---

2. Cf. MAXWELL, Kenneth R. *conflits and conspiracies: Brazil and Portugal (1750-1808)*. Cambridge: Cambridge University Press, 1973. p. 121.
3. Ver a propósito a "Correspondência" e os "Documentos justificativos" em LAPA, M. Rodrigues. *Vida e obra de Alvarenga Peixoto*. Rio de Janeiro: INL/MEC, 1960. p. 57-300.
4. Ver SOUSA SILVA, Joaquim Norberto de. Op. cit. p. 121-122.

pelos serventuários da justiça da Rainha!", conjectura Domingos Carvalho da Silva na introdução da edição de *Obras poéticas de Silva Alvarenga*, por ele organizado em 1956. Para Carvalho da Silva, Alvarenga – mesmo num plano inferior a Cláudio, Gonzaga, Silva Alvarenga e Basílio da Gama – deve figurar entre os principais árcades brasileiros não apenas em razão da inegável mestria no domínio técnico do verso e da estrofe, como também porque nele se manifestam em estado puro "o lirismo e a espontaneidade dos verdadeiros poetas".[5] Um lirismo que, se para a maioria dos estudiosos aparece como a maior virtude do nosso inconfidente, não se livra do excessivo peso da temática laudatória que o próprio Carvalho da Silva não hesita em incluir entre os estigmas que prejudicaram a recepção da obra de Alvarenga, "mal compreendida – nos diz ele – por críticos sem consciência das condições em que foi escrita". A razão, segundo explica, é que "a poesia laudatória era quase sempre publicada – ou por interesseira iniciativa dos poetas, ou por vaidade dos poderosos a quem era dirigida, ao passo que a obra lírica ficava nos manuscritos e acabava sendo em parte perdida ou destruída, como aconteceu no caso de Alvarenga".[6]

É por vezes no interesse da restauração da qualidade desse veio lírico que a edição de Carvalho da Silva nos enseja compreender melhor algumas das

---

5. SILVA, Domingos Carvalho da. "Introdução", op. cit., p. 15-16.
6. Id., ibid. p. 15. Segundo Carvalho da Silva, em razão da temática aulicista de seus versos, Alvarenga Peixoto não goza hoje do mesmo prestígio que lhe reconheciam os críticos do passado. "A importância que lhe deram os primeiros antologistas – Januário, Pereira da Silva, Varnhagen e Melo Morais Filho – caiu bastante nos últimos tempos", observa ele.

características da poética de Alvarenga Peixoto, entre as quais as alusões mitológicas *inevitáveis*, o fascínio pela beleza e pelo brilho das honrarias e da fortuna. Na verdade é em nome dessa poética que o crítico se recusa a aceitar como sendo de Alvarenga alguns poemas, segundo ele, muito aquém de suas habilidades poéticas. Um exemplo é o da "Ode a Afonso de Albuquerque", atribuída também ora a Silva Alvarenga ora a Vidal Barbosa, mas que Carvalho da Silva descarta pertencer a Alvarenga Peixoto por se tratar a seu ver de "obra de esforço intelectual de poeta de sensibilidade limitada e não de um poeta da estatura lírica de Inácio José de Alvarenga".[7] A singularidade do lirismo de Alvarenga, argumenta o crítico, está na espontaneidade e na harmonia expressional, traços que, segundo ele, não se reconhecem nos versos da referida ode, mesmo sendo ela, conforme assinala, um "trabalho bem-feito". Assim, valorizado como a melhor dicção na fisionomia poética da escassa obra de Alvarenga Peixoto, o lirismo, se por um lado supre com vantagem a perda irrecuperável do vigor libertário do poeta, vê-se, por outro, sufocado pela entonação bajulatória da maioria dos versos que nos ficaram.

  É verdade que Joaquim Norberto nos lembra do "sonho patriótico" de Alvarenga, inspirado na idéia do marquês de Pombal "de passar a sede da Monarquia para as plagas do Amazonas", tema que o crítico valoriza não apenas nas alusões de "Ode a Dona Maria I" como na figuração nativista do amor à pátria presente em "Canto genetlíaco", poema no qual os con-

---

7. Id., ibid. p. 14.

jurados aceitavam "a cumplicidade das frases revolucionárias rebuçadas em imagens poéticas, e a lembrança de se ter o poeta aproveitado de um batizado para falar com toda expansão de sua alma ardente sobre as cousas da pátria":[8]

> *Isto, que Europa barbaria chama,*
> *do seio de delícias tão diverso,*
> *quão diferente é para quem ama*
> *os ternos laços do seu pátrio berço!*
> *O pastor louro, que meu peito inflama,*
> *dará novos alentos ao meu verso,*
> *para mostrar do nosso herói na boca*
> *como em grandezas tanto horror se troca.*

A musa americana – nos dirá Norberto – é que se encarrega no referido canto de lhe ungir os lábios com as suas harmonias. Por meio delas o poeta saudava a pátria que "já podia ufanar-se de ter por filhos os heróis de que somente se gloriava a velha Europa".

Veremos adiante que a crítica contemporânea cortará fundo nessa pretensão nativista do empenhado crítico, cuja avaliação estende-se para além da tópica do nativismo ao nos oferecer mais de uma incursão pelas características literárias do lirismo de Alvarenga. Uma delas é a observação de que os sonetos *eróticos* constituem o que de melhor escreveu o poeta na sua limitada coleção de versos, com destaque, no conjunto, para dois deles em particular: "Eu vi a linda Estela, e namorado", que na edição de Norberto

---

8. Cf. SOUSA SILVA, Joaquim Norberto de. *Obras poéticas de Alvarenga Peixoto*. Rio de Janeiro: H. Garnier, 1865. p. 65.

recebeu o título de "Estela e Nise",[9] e "Não cedas, coração, pois nesta empresa", este figurando ali com o título de "A Aléia".[10]

Para Norberto, a lírica dos sonetos de Alvarenga, mesmo escrita "debaixo de rigorosos preceitos a tão difícil gênero de poesia", não apresenta a mesma suavidade melancólica que escorre dos sonetos de Cláudio e fica muito aquém da imponência das imagens de Basílio da Gama. Mesmo assim, na "facilidade com que manejava versos de arte menor", inova ora pela singularidade do estilo, marcado segundo o crítico "pelo abuso do emprego de reduplicações, diácopes, anáforas, simploces etc. [...]", ora – no âmbito do lirismo que vai além dos sonetos – pelo corte irregular das estrofes que, admitida por Basílio da Gama, chega aos pré-românticos e amplia-se em Gonçalves de Magalhães.[11]

É, aliás, esse lirismo contíguo ao dos rômanticos e pré-românticos que, no argumento de Norberto, reforça a singularidade de Alvarenga em relação aos outros árcades da escola mineira. Tanto assim que se o belo retrato de Anarda – em cujas faces

Se vê a aurora
Quando colora
A terra e o mar,

---

9. Na edição de M. Rodrigues Lapa aparece alterado para "Eu vi a linda Jônia e, namorado," comprovando – segundo Lapa – que o texto foi muito modificado pelos copistas ("e talvez pelo próprio autor"). Ver M. Rodrigues Lapa. *Vida e obra de Alvarenga Peixoto*. Rio de Janeiro: INL-MEC, 1960.

10. Em Rodrigues Lapa figura *Altéia* em lugar de *Aléia*, esta última forma na edição de Norberto, segundo o autor, deve-se a erro provável de tipografia.

11. Ver a edição de Joaquim Norberto de Sousa Silva, op. cit. p. 100-101 e p. 62.

– para ele chega a confundir-se com os vários poemas de tema idêntico espalhados pela língua portuguesa, os versos do Alvarenga desterrado e saudoso da mulher e dos filhos sob padecimentos da cadeia revelam a seu ver uma sensibilidade diferente que se completa no sentimento de amor pela pátria distante. Bastaria, entretanto, o dom da profecia, que, segundo Norberto, modula e faz contrastar alguns acordes da lírica arcádica do poeta, para ajustar o canto de Alvarenga ao (exagerado) brado indianista pela autonomia. Ou, nos termos do próprio Norberto, em paráfrase livre da ode "À rainha Dona Maria I": "Em belíssima estrofe convida o poeta à rainha que realize esse desejo ardente do Brasil e venha ser coroada sobre toda a América. Então o gigante que guarda a barra da magnífica baía de Niterói levanta-se sobre as ondas, e, vendo ambos os mundos e ambos os mares, saúda a sombra de Afonso Henriques, o fundador da monarquia lusitana, cujos descendentes imperam sobre povos tão vários e diversos, que é impossível enumerá-los. A estátua colossal do índio bate o pé sobre a terra, que estremece, e some-se a visão entre raios ao arruído dos trovões".[12]

Sérgio Buarque de Holanda, em estudo que só recentemente veio a público, embora reconhecendo em Alvarenga Peixoto o "apego à singeleza amaneirada dos árcades", não viu nisto nenhum obstáculo a que o poeta exaltasse a natureza americana, em cujo

---

12. Id., ibid. p. 63. Combinando "a loa do progressismo com a aceitação do governo forte" – nos dirá depois Alfredo Bosi – Alvarenga Peixoto deixa claro que "é o déspota esclarecido o seu ideal, tirano a quem se rende a Colônia na pessoa do nativo". In *História concisa da literatura brasileira*. São Paulo: Cultrix 1970. p. 85.

espetáculo – segundo observa – teria encontrado muito mais coisas do que "um simples motivo para expansões líricas", como o demonstra, por exemplo, o argumento de "Canto genetlíaco", na esteira, do que pensava Norberto. Mas não vai ao ponto de incluir-se entre os que vêem nessa atitude de Alvarenga a manifestação inequívoca de um *nativismo exemplar*. Em favor do poeta fica a ressalva de Sérgio, segundo a qual a produção muito escassa que nos deixou "impede que se possa apreciar cabalmente sua significação entre os poetas da época".[13]

A esta altura, já estamos longe dos primeiros entusiasmos com que um Francisco Adolfo Varnhagen, por exemplo, cumulava os versos de Alvarenga, ao classificá-lo de "grande gênio poético" nas páginas que precediam o seu *Florilégio da poesia brasileira*. Manuel Rodrigues Lapa, a quem devemos a mais completa edição acerca da obra do poeta e de seu envolvimento na conspiração que o levou à morte, é dos primeiros a vincularem a apreciação literária de seus poemas aos sérios prejuízos a eles impostos pela ambição e o gosto da fortuna que perseguiriam o poeta pela vida inteira.

"As trabalheiras com a ambição, tão contrárias à poesia" – observa ele – além de induzirem à sujeição de Alvarenga aos poderosos – "deviam naturalmente amortecer os impulsos da inspiração",[14] razão pela qual, ao contrário de alguns dos intérpretes de nosso árcade, a crítica de Lapa passa a aproximar os méri-

---

13. HOLANDA, Sérgio Buarque de. *Capítulos de literatura colonial* (organização e introdução de Antonio Candido). São Paulo: Brasiliense, 1991. p. 429.
14. Ver "Prefácio" in M. Rodrigues Lapa. *Vida e obra de Alvarenga Peixoto*, op. cit. p. XXXIX.

tos aparentes do texto às circunstâncias que o determinaram. Sob este aspecto, o vigor da poesia lírica escrita durante o estágio do poeta em Sintra e Lisboa, onde, mais jovem e esperançoso de um futuro promissor, pôde amar e viver livremente no coração dos poemas que escrevia, parece, segundo Lapa, interromper-se a partir de sua transferência para São João del-Rei. O próprio Lapa se pergunta qual teria sido "a atividade literária de Alvarenga Peixoto desde sua posse de ouvidor, em 1776, até ao *Canto genetlíaco*, em 1782". E indaga: "Teria silenciado aquela musa, que tão prometedora se mostrara [...]?"

Para o leitor, uma das vantagens de vê-lo deslindar o problema é acompanhar o processo pelo qual vai procurando harmonizar os efeitos positivos da construção literária com os traços menos recomendáveis da atitude laudatória. Os efeitos, como é natural numa perspectiva como essa, são muitas vezes discrepantes e um mesmo tema encomiástico – como no caso dos sonetos 19 ("Honradas sombras dos maiores nossos") e 27 ("Que mal se mede dos heróis a vida"),[15] dedicados ao marquês de Lavradio, vice-rei do Brasil entre 1769 e 1779 e protetor do poeta – pode transformar-se em critério positivo quando a qualidade da construção literária ou a circunstância em que foi composto assim determinarem. Isso explica que se no primeiro soneto o louvor é daqueles, nos termos de Lapa, "onde não se vislumbra lampejo de poesia", no segundo, não obstante o inequívoco aulicismo, o que prevalece é "uma expressão digna e sin-

---

[15]. A numeração dos poemas citados remete a critério adotado na edição crítica de M. Rodrigues Lapa.

gela de saudade e reconhecimento" demonstrados pelo poeta por ocasião das exéquias pela alma do marquês em agosto de 1790, no Rio de Janeiro.

Tal critério, que nos parece vago, chega por vezes a trazer ao leitor aspectos menos aparentes da sutileza heurística que flui de alguns poemas de Alvarenga. No comentário ao soneto 20 ("Expõe Teresa acerbas mágoas cruas;"), por exemplo, Rodrigues Lapa recupera alguns registros latentes na corda mais sensível do lirismo do poeta ao nos chamar a atenção para "um verso florido e barroco" –

freio de rosas posto em mãos de neve,

que, a seu ver, "é uma invenção de estilo para exprimir essa disciplina suave posta em mãos delicadas de mulher".[16]

Na mesma direção vai a leitura de "Canto genetlíaco", em que a adulação ao governador Rodrigo José de Meneses é em parte compensada pela "apologia entusiástica da terra brasileira, das suas riquezas e dos seus homens", circunstância que, segundo Lapa, faz do poema a melhor composição do poeta nesse período. O entusiasmo do crítico com o "Canto" vai ao ponto de considerá-lo, ao contrário do silêncio de Sérgio Buarque de Holanda, "um toque de alvorada que anuncia o programa generoso da independência brasileira [no qual] a liberdade da terra ia a par com a liberdade de todos os seus filhos".[17]

---

16. Cf. op. cit. p. XXXIX.
17. Id., ibid. p. XLII.

Por esse lado, quando opõe Cláudio a Alvarenga, Rodrigues Lapa nos mostra que o primeiro, dominado pela saudade da natureza e da cultura européias, só mais tarde viria integrar-se ao cenário rústico de Minas, enquanto o autor de "Canto genetlíaco", nos diz ele, com os pés fincados no chão "e seu espírito de bandeirante da última hora", sentiu como ninguém, e de chofre, "a presença e a promessa da terra brasileira", para vincular depois à grandeza da terra o trabalho dos escravos, seus filhos mais humildes.[18]

Assim, sem se deter propriamente nos traços do lirismo puro de Alvarenga, a leitura de Rodrigues Lapa nos ajuda a atentar melhor para o inegável teor poético de algumas de suas composições encomiásticas, que a partir do prefácio introdutório às obras do poeta, datado de 1960, deixam de ser vistas apenas como um mero produto das poesias de circunstância. No rol destas últimas, no dizer do crítico, quadram melhor aquelas composições escritas no calor dos "grandes interesses que o poeta tinha a defender", nas quais – segundo explica – "pouco ou quase nada entravam as fibras do coração".[19]

Depois de "Canto genetlíaco" a atividade poética de Alvarenga se interrompe e quase cessa de todo, para só reaparecer nos dias posteriores ao de sua prisão, em maio de 1789. Dos poucos sonetos então escritos, Rodrigues Lapa distingue três em cuja leitura, pela primeira vez, procura ajustar os engenhosos movimentos da forma às oscilações dos sentimentos mais fundos nela refletidos. Por meio deles, e por um

---

18. Id., ibid. p. XLI.
19. Id., ibid. p. XL.

momento, como que retornamos à hipótese crítica do lirismo puro em substituição ao estro ideológico que se extraviou em meio às buscas da Devassa, sustentada por Joaquim Norberto.

No soneto 30 ("A mão que aterra do Nemeu a garra,"), por exemplo, as alusões mitológicas, tidas por muitos como a grande constante na retórica do autor, são pela primeira vez contrapostas à figuração, na estrutura, dos signos da subjetividade, por impedirem, segundo o crítico, que as emoções se manifestem livremente. Já no soneto 32 ("Eu não lastimo o próximo perigo,") a impressão é outra e o crítico nos mostra que forma e sentimento já se organizam ali de modo a nos proporcionar um pouco mais da emoção que, conforme indica, só se completaria no soneto 33 ("A paz, a doce mãe das alegrias"), a seu ver o mais perfeito dos três por ser o único que consegue traduzir, "no alvoroço afetivo das exclamações, aquele clima de êxtase e felicidade incomparável".[20]

Como se vê, nem mesmo o irrefragável aulicismo do último terceto

Bendita sejas, lusitana augusta!
Cobre o mar, cobre a terra um céu sereno,
graças a ti, ó grande, ó sábia, ó justa!

faz frente, sob o olhar do crítico, à força do lirismo que o transfunde em suavidade. Este, aliás, o motivo pelo qual o indianismo entrevisto por ele na cantata "O pão de açúcar" – "de uma subserviência um pouco rasteira", nas palavras do próprio crítico – figure

---

20. Id., ibid. p. XLII.

muito mais como um tropo da convenção retórica do que propriamente como um traço da consciência nativista do poeta. Daí a ênfase na "descrição garrida do (bom) selvagem [...] que vem lançar-se aos pés da augustíssima imperante" e dedicar-lhe fidelidade sem igual. Para Rodrigues Lapa, o índio é o próprio autor, mascarado de silvícola.[21]

Longe de alinhar-se com o entusiasmo que distingue no lirismo de Alvarenga traços do nativismo libertário, Antonio Candido prefere vê-lo como sintoma de uma tendência mais ampla no espírito da época. Para o crítico de *Formação da literatura brasileira*, "Canto genetlíaco" e "Ode a Dona Maria I", ao lado do poema "As artes", de Silva Alvarenga, e o poema "As aves", de Souza Caldas, enquadram-se como reflexos do que ele chama de "eco brasileiro, ou luso-brasileiro, das idéias modernas". Ou seja, como corporificação de uma atitude difusa em favor dos temas da ilustração (nativismo, divulgação do saber, aspiração ao bom governo), trata-se antes de uma tendência que, para além da literatura e das artes, aglutinou a ação dos políticos e publicistas brasileiros até a consolidação de nossa Independência.[22]

Vista nesse contexto, a ação poética de Alvarenga, para Antonio Candido, não acompanha o desempenho dos que inovam na linha de frente. Sua musa – nos diz ele – é discreta e em seus poemas prevalece a arte de quem "aplica fórmulas com talento mediano", o que – muito longe do desprendimento louva-

---

21. Id., ibid. p. LIII.
22. CANDIDO, Antonio. *Formação da literatura brasileira*. São Paulo: Martins, 1959. vol. I p. 61.

do por Lapa e Norberto – nos deixa antes a impressão de alguém que "verseja por desfastio". Daí a impossibilidade, na opinião do crítico, de equipará-lo literariamente aos outros árcades mineiros.[23]

Mas é justamente dessa perspectiva que, mesmo sem se deter longamente no exame dos traços líricos da obra do poeta, Antonio Candido amplia a leitura do aulicismo de Alvarenga, tomando-o como reflexo de "uma demonstração compacta do caráter de sociabilidade da literatura setecentista", e não apenas como o vezo aparente da obstinação de um homem política e economicamente arruinado, conforme faz crer a maioria de seus intérpretes.

Isso, é claro, se não atenua em nada as restrições do crítico à submissão daquela voz que "só invocava as *canoras musas* para celebrar os poderosos e amigos", também não deixa que se perca no gesto pretensamente isolado do poeta o sentido mais amplo de suas correlações com a mentalidade do período. Sob este aspecto, segundo Candido, uma das formas de avaliar a importância da poesia de Alvarenga Peixoto é observar que ela cumpriu no Brasil do século XVIII, com sua "hábil mescla de lisonja e reivindicação", o objetivo da literatura ilustrada de louvar os reis e governantes com a finalidade de chamar atenção para os problemas da realidade local.[24] A contribuição do poeta, nos termos do crítico, foi ter sido "um ilustrado à brasileira", um homem que soube transformar em poesia alguns dos temas fundamentais da Ilustração, entre os quais se incluem "o louvor

---
23. Id., ibid. p. 104.
24. Id., ibid.

do governo forte que promove a civilização; a preeminência da paz sobre a guerra; a necessidade de civilizar o Brasil por uma administração adequada; o desejo de que o soberano viesse efetivamente tomar conhecimento da nossa realidade; a aspiração de sermos governados por brasileiros que compreendessem os caracteres originais do país, marcado pela fusão das raças e a aclimação da cultura européia".[25]

Tudo isso, nos diz Candido, numa reflexão por contraste em que o poeta aguça, em versos concisos e secos, a descrição da brutalidade da guerra como forma de plasmar "uma visão de paz e de trabalho, bens maiores na vida dos povos".[26] A diferença é que, nela, a presença do índio, longe de remeter à imagem do nativo com algemas rompidas, tão fluente no lirismo romântico da época da Independência, "onde a meta – como assinala o crítico – era a libertação do país", converte-se agora na do "porta-voz que exprime à Europa os desejos locais, em particular dos poetas ilustrados, convictos da necessidade, para a Colônia, de um bom governo que promovesse o império das Luzes, resgatando o povo da dura condição em que se achava".[27] Este o limite em que, segundo Candido, se esgota o estro do malogrado Alvarenga. Não chegou, ao contrário de um Basílio da Gama, por exemplo, ao ponto de traduzir em registro elevado "o encantamento plástico pelas formas do mundo americano" – o que nos revela, nos termos do crítico, que enquanto lírico não foi capaz de superar a estrita

---
25. Id., ibid. p. 105.
26. Id., ibid.
27. Id., ibid. p. 106-107.

preocupação ilustrada para comunicar no verso a beleza do mundo e a emoção dos seres".[28]

Em campo oposto, um estudo mais recente de Wilton Cardoso propõe uma espécie de reabilitação moral do poeta, ao rebater com inegável empenho a imagem que Rodrigues Lapa traçou de Alvarenga Peixoto, mostrando-o como "um homem de pés fora da terra, visionário de empresas malogradas, mergulhado em dívidas e quase caloteiro".[29]

A defesa moral ganha destaque, pois reabre em outra chave o enfoque da qualidade literária dos versos do autor. Sob este aspecto, Wilton Cardoso é dos poucos críticos contemporâneos a relativizar o argumento predominante na crítica brasileira de que a produção escassa de Alvarenga Peixoto coexiste com a imagem do vate bajulador dos poderosos, escravo do estilo da época, tocado de algum fervor nativista que depois se perde.

Depois de recusar em Haroldo Paranhos a idéia de que Alvarenga foi voz das mais apagadas entre os poetas do grupo mineiro e, destes, o que "menos dignamente entrou na História", Cardoso recorre a Sílvio Romero para recuperar o veio militante de nosso autor, um intelectual que – nos termos do autor de *História da literatura brasileira* – não cultivava a pátria "apenas nos versos", senão que a contemplava "também no seu desenvolvimento político e social", a ponto de ter provado que "a lira do poeta poderia ser

---

28. Id., ibid. p. 107.
29. CARDOSO, Wilton. "Aspectos barrocos da lírica de Alvarenga Peixoto". In *Seminário sobre a poesia mineira (período colonial)*. Belo Horizonte: Conselho Estadual de Cultura, 1984. p. 120.

substituída pela espada do guerreiro, se os acontecimentos o houvessem consentido".³⁰

Isso explica por que, apesar de concordar com Antonio Candido que Alvarenga abre um novo caminho quando transforma o aulicismo em pretexto ilustrado para a reflexão sobre os problemas locais, Cardoso apresse-se em descartar no crítico de *Formação* o juízo de que Alvarenga "escreve como quem se exercita" e a impressão daí decorrente de que a sua obra mediana – nos termos de Candido há pouco mencionados – não logre afinal "superar a estrita preocupação ilustrada e comunicar no verso a beleza do mundo e a emoção dos seres".³¹ Cardoso prefere ficar, nesse passo, com Rodrigues Lapa, acentuando a sinceridade e a veemência do nativismo que flui dos versos de Alvarenga e que, a seu ver, "talvez não se encontre em nenhum outro escritor do tempo".³²

A tese do crítico – no rastro, aliás, do próprio Rodrigues Lapa – é a de que a lírica de Alvarenga, escrita ainda em Portugal, cede lugar, depois de 1776, a uma outra voz, mais afinada com os problemas da Colônia, que lhe inspiram agora um canto social e político, ainda que atravessado pela entonação laudatória. Mas sem que o indique, Cardoso retorna à distinção de Antonio Candido ao aludir à singularidade do encômio, caracterizando-a "pelo tom nacionalista e a pregação ilustrada, a princípio inexistentes", numa imagem que reforça, no ideário do poeta – como aliás antecipava Candido – a presença de um

---
30. Id., ibid. p. 121.
31. Ibid. p. 123.
32. Id., ibid.

"espírito ilustrado, defensor do poder forte que promove a civilização".[33]

Cardoso, no entanto, traz uma contribuição expressiva ao conhecimento dos estratos da estilística barroca na lírica de Alvarenga, que ele aprofunda de modo singular e inovador. São muitos os processos que examina nos versos do poeta e as conclusões que nos apresenta ampliam consideravelmente a fisionomia estética de sua obra.

Um recurso de estilo como o da transposição anacolútica, banalizado pela maioria dos críticos como traço invariante no fundo comum da poética de época, ganha em sua análise um efeito que lhe permite desvendar, no soneto "De açucenas e rosas misturadas", por exemplo, a curva cambiante da cromática barroca que Alvarenga esculpe no semblante da mulher amada. Por essa entrada, o lírico percurso nas figurações do estilo vai se adensando por meio de imagens singulares que levam a arte de Alvarenga para algumas chaves recorrentes nas soluções formais encontradas pelos grandes autores do período.

No soneto "Chegai, ninfas, chegai, chegai pastores" Cardoso nos mostra como o predomínio da antítese na oposição entre o ar circunspecto da viúva e o alarde estridente da competidora rebate na oposição paralela entre o canto das aves na aspereza da serra e a alacridade do canto da aurora nova. No mesmo texto, a par de outros recursos gongóricos como o da perífrase ou alusão indireta, o crítico destaca outras formas estilísticas do cultismo como, por exemplo, o uso, no segundo verso, da concessiva do tipo *si bien*

---

33. Cf. ibid. p. 122-123.

que, segundo ele estudada por José Aires Neto como um "giro adversativo ou restritivo, mas sempre antitético, da poesia gongorina".[34]

Da análise interior ao verso a leitura sobe algumas vezes para a estética do período, como se dá, por exemplo, com a interpretação do soneto "Ao mundo esconde o sol seus resplandores", no qual o cenário se apresenta coalhado de *sombras incoerentes*: "Pã não fala na voz dos pastores, as Ninfas tecem coroas de ciprestes, os Amores erram pelos montes desertos e as filhas da Memória abandonam templos e altares...". É que para Wilton Cardoso, ao nos propor, com essa "ilusão imagística, a confusão dos elementos", Alvarenga Peixoto nos leva para o coração do sistema gongorino, cujo enunciado, perifrástica e metonimicamente, se nutre da alusão caótica "que os quer compreender pela nota antinômica da estética do tempo".[35] Daí resulta, segundo o crítico, que a paisagem, no soneto, nos pareça tão estranha à do *locus amoenus* dos poetas clássicos e dos renascentistas. Diante dela – o céu convulso, o mar tempestuoso, correntes estilhaçantes – nos diz ele – nos sentimos muito mais próximos da sua face reversa – a face do *locus horrendus* da poesia barroca,[36] em cuja atmosfera a lira de Alvarenga parece expandir-se com vigor redobrado.

Nesse terreno em que "a nota conceptista da agudeza do engenho se compraz na oscilação dos contrários" e flui como meditação demorada acerca

---

34. Ibid. p. 126.
35. Ibid. p. 126-27.
36. Ibid. p. 128.

da fuga do tempo, nesse terreno – nos diz o crítico – a graça da mulher, que o tempo destruirá, é associada à ruína das coisas que passam:

> Passa-se uma hora, e passa-se outra hora
> sem perceber-se, vendo os teus cabelos;
> passam-se os dias, vendo os olhos belos,
> partes do Céu, onde amanhece a Aurora.

E no cerne do esquema formal das oposições gongorinas que movem os versos de Alvarenga Cardoso vai decompondo o processo, da superfície aparente da estrutura verbal ao substrato estilístico que perlustra, na retórica do tempo, a convenção e o cânone. Vai por aí nos revelando os modos de articulação imagética que resultam do movimento simétrico das palavras e dos ritmos. Formas adversativas de verbo idêntico ("eu vi... mas vi"), reiteração de pronomes seguidos de versos bimembres dispostos em alternância paralelística ("Se Nise agora vir/ se Jônia vir aqui"), antíteses dispostas por verbos nocionalmente antônimos mas afetivamente sinônimos ("morro por ela; vivo abrasado") – tudo isso a nos remeter, como bem mostra o crítico – a um conjunto de signos tocados pela "viva ambivalência das formas e do bifrontismo de espírito" que ocupam o centro da mais pura expressão barroca.[37]

Para o leitor de Alvarenga Peixoto, a grande contribuição de uma leitura como essa é a integração dos temas e dos processos, da ideologia e da técnica, aspectos que Wilton Cardoso harmoniza na conver-

---
37. Ibid. p. 131.

gência para o que ele próprio denomina as características do *espírito* e as características da *letra*. Nas primeiras encontramos as dissonâncias (e depois a fusão) entre a paisagem e a alma do poeta; os excessos da cor; a transposição do real para o alegórico; o contorno alusivo de mitos e de fábulas, além da fugacidade do tempo e da brevidade da vida, que se completam com a ambigüidade e a dúvida existencial em face dos valores e da ética. Nas marcas da letra estão os sinais visíveis que o crítico desvenda na singularidade da artesania gongorina de Alvarenga: as antíteses formais, as hipérboles e os anacolutos, a notação alusiva, as transposições sintáticas violentas, o cultismo dos torneios lingüísticos de reminiscência nobre.[38]

Grande marca desse alinhamento entre o paralelismo conceptual e o paralelismo formal está, por exemplo, na presença reiterada em Alvarenga do poema *disseminativo* ou *recoletivo*, aquele cujo fecho – segundo o crítico – resume em disjunção oponente os vários elementos enumerados nas estrofes precedentes, como ocorre com o soneto "Não me aflige do potro a viva quina", escrito quando o poeta ouviu ler, na cadeia pública do Rio de Janeiro, sua própria sentença de morte.

É verdade que a ênfase no processo absorve, na interpretação de Wilton Cardoso, o traço ideológico do nativismo, tão patente, como vimos, na leitura dos outros críticos. Segundo ele, a imagem do índio gentil de Alvarenga – com suas setas de pontas de diamantes em vivo contraste com o cocar de penas pre-

---

38. Ibid. p. 133.

tas e o brilho das hastes de ouro – mais do que um ícone nativista, sai de seus versos "como se saísse de um festim barroco de cores".[39] A observação, que pode parecer secundária, levou um debatedor atento como o professor Sami Sirihal a discordar dessa valorização excessiva de Alvarenga Peixoto como "versejador aplicado e por vezes brilhante de poemas impregnados de um barroco tardio" em detrimento da outra face do poeta – a mesma que empolgara o crítico Joaquim Norberto e que nos mostra o poeta como um neoclássico iluminista, impregnado sobretudo "de consciência social e nacional".[40] Em Alvarenga Peixoto, observa Sirihal, "as belezas do Brasil vão sendo descritas na ótica pragmática do pensamento iluminista, a se extasiar não com os valores estéticos, mas com as suas potencialidades econômicas". O próprio Alvarenga, segundo ele, reconhece em versos o alcance dessa verdade quando nos lembra de que

A herdade aumenta,
mas não dá merecimento.[41]

Sob esse aspecto, pondera Sirihal, recuperá-lo como um poeta lírico-amoroso nos termos de Wilton Cardoso seria resgatar apenas um aspecto secundário de sua obra. O mais importante – acrescenta – é recuperar o empenho político e social que a seu ver fazem

---

39. Ibid. p. 141.
40. Cf. "Considerações do debatedor prof. Sami Sirihal sobre a conferência do prof. Wilton Cardoso" in *Seminário sobre a poesia mineira – período colonial*, op. cit. p. 148.
41. Ibid. p. 149.

do legado poético de Alvarenga "a mais significativa manifestação do pensamento iluminista em nossa literatura".[42]

Trabalhos mais recentes, como o de Ivan Teixeira e Letícia Mallard, ressaltam, em horizonte oposto, de um lado a inclusão de Alvarenga, com Basílio da Gama e Silva Alvarenga, na *equipe de poetas* e de *novos talentos* comprometidos com a chamada renovação da arte interessada na louvação do marquês de Pombal e seus auxiliares na articulação do *mecenato pombalino*;[43] e, de outro, no caso de Letícia Mallard, a ênfase no *trabalho com a linguagem* e na *literalização dos recursos histórico-mitológicos*. Para Mallard, por exemplo, a *retórica da hipérbole*, decisiva na poesia laudatória do poeta – e tão relativizada pelos críticos – ao mesmo tempo em que transforma o lirismo em poesia de circunstância, completa-se num segundo registro de retórica, que ela chama de *retórica da competição*. Por meio desta, conforme assinala, Alvarenga Peixoto abre um novo modo de louvar o feminino numa sociedade em que, "regra geral, o único destaque possível da mulher se dava por suas qualidades físicas, capazes de despertar amor e admiração". Por esse viés, os sonetos de Alvarenga que tematizavam concursos de beleza ou cortesãs da poesia, "deslocam para o centro do poema as celebrações acadêmicas encomiásticas e seus concursos que escolhiam o melhor poeta ou poema".

---

42. Ibid., p. 150.
43. Ver TEIXEIRA, Ivan. *Mecenato pombalino e poesia neoclássica*. São Paulo: Fapesp/Edusp, 1999. p. 484-485.

O resultado desta nova atitude, nos diz Letícia, é que por intermédio de Alvarenga Peixoto se casavam "com perfeição o poeta áulico, que perseguia prêmios louvando os grandes, com o poeta amante do eterno feminino em eterna competição pelo poder do amor".[44] Eis-nos, assim, de volta aos mistérios da chave lírica que desafiou o talento de Norberto e foi muitas vezes revisitada, em alguns casos com pleno êxito, por alguns dos críticos que o sucederam. Muito refinada, no entanto, mas suficiente o bastante para deixar que permaneça em aberto a natureza bifronte do estro poético daquele que foi certamente o mais empenhado de nossos árcades.

---

44. MALLARD, Letícia. "As louvações de Alvarenga Peixoto" in *A poesia dos inconfidentes* (Domício Proença Filho, org.). Rio de Janeiro: Nova Aguilar, 1996. p. 945-946.

POEMAS

SONETOS

"NAS ASAS DO VALOR, EM ÁCIO VINHA"

Nas asas do valor, em Ácio vinha
Por Antônio a vitória declarada;
Mas a sombra de Túlio, não vingada,
Postos os deuses contra Antônio tinha.

Fez que fugisse a bárbara rainha,
de falsas esperanças enganada;
e o criminoso herói, voltando a espada,
no coração zeloso a embainha.

O fatal estandarte a Guerra enrole,
cesse entre esposas e entre mães o susto,
descanse um pouco de Quirino a prole;

Que Jove eterno, piedoso e justo,
antes que Roma e Roma se desole,
nomeia vice-deus ao grande Augusto.

"Ó PAI DA PÁTRIA, IMITADOR DE AUGUSTO"

"Ó pai da pátria, imitador de Augusto,
liberal Alexandre..." Ia adiente,
quando ua imagem se me pôs presente,
a cuja vista me gelei de susto.

Mostrava no semblante pio e justo
raios brilhantes do Impíreo luzente;
porém os olhos, como descontente,
em mim cravava com bastante custo.

"Nem de Alexandre nem de Augusto quero
os nomes; sou Dinis" – me disse apenas
com gesto melancólico e severo.

Levou-me às praias do Mondego amenas
e, depondo o semblante grave e austero,
riu-se e mostrou-me a portuguesa Atenas.

"POR MAIS QUE OS ALVOS CORNOS CURVE A LUA"

Por mais que os alvos cornos curve a Lua,
furtando as luzes ao autor do dia,
por mais que Tétis, na morada fria,
ostente a pompa da beleza sua;

Por mais que a linda Citeréia nua
nos mostre o preço da gentil porfia;
entra no campo tu, bela Maria,
entra no campo, que a vitória é tua.

Verás a Cíntia protestar o engano,
verás Tétis sumir-se, envergonhada,
nas rumorosas grutas do oceano;

Vênus ceder-te o pomo, namorada;
e, sem Tróia sentir o último dano,
verás de Juno a cólera vingada.

"ENTRO PELO URAGUAI: VEJO A CULTURA"

Entro pelo Uraguai: vejo a cultura
das novas terras por engenho claro;
mas chego ao templo majestoso, e paro,
embebido nos rasgos da pintura.

Vejo erguer-se a República perjura
sobre alicerces de um domínio avaro;
vejo distintamente, se reparo,
de Caco usurpador a cova escura.

Famoso Alcides, ao teu braço forte
Toca vingar os cetros e os altares:
arranca a espada, descarrega o corte.

E tu, Termindo, leva pelos ares
a grande ação, já que te coube em sorte
a gloriosa parte de a cantares.

"EU VI A LINDA JÔNIA E, NAMORADO"

Eu vi a linda Jônia e, namorado,
fiz logo voto eterno de querê-la;
mas vi depois a Nise, e é tão bela,
que merece igualmente o meu cuidado.

A qual escolherei, se, neste estado,
eu não sei distinguir esta daquela?
Se Nise agora vir, morro por ela,
se Jônia vir aqui, vivo abrasado.

Mas ah! que esta me despreza, amante,
pois sabe que estou preso em outros braços,
e aquela me não quer, por inconstante.

Vem, Cupido, soltar-me destes laços:
ou faze destes dois um só semblante,
ou divide o meu peito em dois pedaços!

"NÃO CEDAS, CORAÇÃO, POIS NESTA EMPRESA"

Não cedas, coração, pois nesta empresa
o brio só domina; o cego mando
do ingrato Amor seguir não deves, quando
já não podes amar sem vil baixeza.

Rompa-se o forte laço, que é fraqueza
ceder a amor, o brio deslustrando;
vença-te o brio, pelo amor cortando,
que é honra, que é valor, que é fortaleza.

Foge de ver Altea; mas, se a vires,
por que não venhas outra vez a amá-la,
apaga o fogo, assim que o pressentires;

E se inda assim o teu valor se abala,
não lho mostres no rosto, ah, não suspires!
Calado geme, sofre, morre, estala!

"NEM FIZERA A DISCÓRDIA O DESATINO"

Nem fizera a Discórdia o desatino
que urdiu funesta briga à gente humana,
nem, soberba, a República Romana
poria ao mundo inteiro um jugo indino.

Ó Ásia, ó Grécia, ó Roma, o teu destino
fora feliz só com viver Joana;
respeitoso, no peito a ação profana
sufocaria o bárbaro Tarquino.

Ela das deusas três as graças goza
e os dons sublimes ela só encerra
de rainha, de sábia e de formosa.

Ah, se Joana então honrasse a terra!
Ó esposa romana, ó grega esposa,
não fora a Formosura a mãe da Guerra!

"DE AÇUCENAS E ROSAS MISTURADAS"

De açucenas e rosas misturadas
não se adornam as vossas faces belas,
nem as formosas tranças são daquelas
que dos raios do sol foram forjadas.

As meninas dos olhos delicadas,
verde, preto ou azul não brilha nelas;
mas o autor soberano das estrelas
nenhũas fez a elas comparadas.

Ah, Jônia, as açucenas e as rosas,
a cor dos olhos e as tranças d'oiro
podem fazer mil Ninfas melindrosas;

Porém quanto é caduco esse tesoiro:
vós, sobre a sorte toda das formosas,
inda ostentais na sábia frente o loiro!

"CHEGAI, NINFAS, CHEGAI, CHEGAI, PASTORES"

Chegai, Ninfas, chegai, chegai, pastores,
qu'inda que esconde Jônia as graças belas,
Márcia corre a cortina das estrelas,
quando espalha no monte os resplandores.

Debaixo dos seus pés brotam as flores,
quais brancas, quais azuis, quais amarelas;
e pelas próprias mãos lh'orna capelas,
bem que invejosa, a deusa dos Amores.

Despe a Serra os horrores da aspereza,
e as aves, que choravam até agora,
acompanhando a Jônia na tristeza,

Já todas, ao raiar da nova aurora,
cantam hinos em honra da beleza
de Márcia, gentilíssima pastora.

"PASSA-SE ŨA HORA, E PASSA-SE OUTRA HORA"

Passa-se ũa hora, e passa-se outra hora
sem perceber-se, vendo os teus cabelos;
passam-se os dias, vendo os olhos belos,
partes do Céu, onde amanhece a Aurora.

A boca vendo, aonde a graça mora,
mimosas faces, centro dos desvelos,
vendo o colo gentil, de donde os zelos,
por mais que os mandem, não se vão embora.

Que tempo há de passar! Gasta-se a vida,
e a vida é curta, pois ligeira corre,
e passa sem que seja pressentida.

Ah, Marília, Marília, quem discorre
nas tuas perfeições, gostosa lida,
que alegre vive que insensível morre!

"AO MUNDO ESCONDE O SOL SEUS RESPLANDORES"

Ao mundo esconde o Sol seus resplandores,
e a mão da Noite embrulha os horizontes;
não cantam aves, não murmuram fontes,
não fala Pã na boca dos pastores.

Atam as Ninfas, em lugar de flores,
mortais ciprestes sobre as tristes frontes;
erram chorando nos desertos montes,
sem arcos, sem aljavas, os Amores.

Vênus, Palas e as filhas da Memória,
deixando os grandes templos esquecidos,
não se lembram de altares nem de glória.

Andam os elementos confundidos:
ah, Jônia, Jônia, dia de vitória
sempre o mais triste foi para os vencidos!

"AMÉRICA SUJEITA, ÁSIA VENCIDA"

América sujeita, Ásia vencida,
África escrava, Europa respeitosa;
restaurada, mais rica e mais formosa,
a fundação de Ulisses destruída.

São a base em que vemos erigida
a colossal estátua majestosa,
que d'el-rei à memória gloriosa
consagrou Lusitânia agradecida.

Mas como a glória do monarca justo
é bem que àquele herói se comunique,
que a fama canta, que eterniza o busto,

Pombal junto a José eterno fique,
qual o famoso Agripa junto a Augusto,
como Sully ao pé do grande Henrique.

"DO CLARO TEJO À ESCURA FOZ DO NILO"

Do claro Tejo à escura foz do Nilo
e do bárbaro Araxe ao Tibre vago,
a fama, o susto e o marcial estrago,
rompe a Fama os clarins em repeti-lo.

Mas não podem achar seguro asilo
fora das margens do estígio lago
os assombros de Roma e de Cartago:
Aníbal, Cipião, Fábio e Camilo.

Os grandes ossos cobre a terra dura,
e a morte desenrola o negro manto
sobre o pio José na sepultura.

Injusta morte, sofre o nosso pranto,
que, ainda que és lei a toda a criatura,
parece não devias poder tanto.

"HONRADAS SOMBRAS DOS MAIORES NOSSOS"

Honradas sombras dos maiores nossos,
que estendestes a lusa monarquia
do torrado Equador à zona fria,
por incultos sertões, por mares grossos,

Saí a ver os sucessores vossos
revestidos de gala e de alegria,
e nos prazeres do mais fausto dia
dai vigor novo aos carcomidos ossos.

Lá vem o grande Afonso, a testa erguendo
a ver Carvalho, em cujos fortes braços
crescem os netos que lhe vão nascendo;

E o suspirado Almeida rompe os laços
da fria morte, o neto invicto vendo
seguir tão perto de Carvalho os passos.

"EXPÕE TERESA ACERBAS MÁGOAS CRUAS"

Expõe Teresa acerbas mágoas cruas;
e à briosa nação, de furor tinta,
faz arrancar da generosa cinta
o reflexo de mil espadas nuas.

Arrasta e pisa as otomanas luas
e, por mais que Netuno o não consinta,
a heroína do Norte faz que sinta
o peso do mar Egeu das quilhas suas.

Seus nomes no áureo templo a fama ajunta,
mas pintar seus estragos não se atreve;
ao seu Danúbio, ao mar Negro o pergunta.

Lusitânia aos céus muito mais deve:
que a rege, como aos povos d'Amatunta,
freio de rosas posto em mãos de neve.

"A PAZ, A DOCE MÃE DAS ALEGRIAS"

A paz, a doce mãe das alegrias,
o pranto, o luto, o dissabor desterra;
faz que se esconda a criminosa guerra,
e traz ao mundo os venturosos dias.

Desce, cumprindo eternas profecias,
a nova geração dos céus à terra;
o claustro virginal se desencerra,
nasce o filho de Deus, chega o Messias.

Busca um presépio, cai no pobre feno
a mão onipotente, a quem não custa
criar mil mundos ao primeiro aceno.

Bendita sejas, lusitana augusta!
Cobre o mar, cobre a terra um céu sereno,
graças a ti, ó grande, ó sábia, ó justa!

"AMADA FILHA, É JÁ CHEGADO O DIA"

Amada filha, é já chegado o dia,
em que a luz da razão, qual tocha acesa,
vem conduzir a simples natureza,
é hoje que o teu mundo principia.

A mão que te gerou teus passos guia,
despreza ofertas de uma vã beleza,
e sacrifica as honras e a riqueza
às santas leis do filho de Maria.

Estampa na tua alma a caridade,
que amar a Deus, amar aos semelhantes,
são eternos preceitos da verdade.

Tudo o mais são idéias delirantes;
procura ser feliz na eternidade,
que o mundo são brevíssimos instantes.

"DE MEIO CORPO, NU, SOBRE A BIGORNA"

De meio corpo, nu, sobre a bigorna,
os ferros malhe o imortal Vulcano,
que hão de ir contar ao derradeiro ano
o nome de um herói que a pátria adorna.

Suntuoso passeio em parte a orna;
vistoso cais enfreia o Oceano;
e na praça um colosso, altivo e ufano,
as frescas águas pelo povo entorna.

Estas, grande senhor, memórias vossas,
que ficam na cidade eternizadas,
também o ficam nas memórias nossas;

E as línguas, por Vulcano temperadas,
hão de entranhar em duras pedras grossas
de vosso nome as letras respeitadas.

"QUE MAL SE MEDE DOS HERÓIS A VIDA"

Que mal se mede dos heróis a vida
pela série dos anos apressados!
Muito vive o que emprega os seus cuidados
em ganhar nome e fama esclarecida.

Em vão, dobrando os passos, atrevida,
chega a morte cruel, e os negros fados:
quem viveu para a glória tem gravados
seus dias sobre esfera mais luzida.

Jaz o ilustre Marquês! As tristes Dores
espalham com o respeito mais profundo
na fria urna estas piedosas flores:

"Breve a vida lhe foi; mas, sem segundo,
o seu nome imortal entre os maiores
será sempre saudoso à pátria e ao mundo."

"A MÃO QUE ATERRA DO NEMEU A GARRA"

A mão que aterra do Nemeu a garra,
Atreu, Aquiles, Sofonisba e Fedra
são assuntos da lira, e nunca medra,
invejosa dos cisnes, a cigarra.

Tu, onde o vento e o mar a fúria esbarra,
sem chamas de rubim, facetas de edra,
imortal ficarás por mim, ó pedra,
que ao longe mostras de teu rio a barra.

Abrasado entre as chispas na bigorna,
malha Vulcano, e do trifauce perro
Brontes a Estígia caldeando entorna.

O grande Castro em bronze, em ouro, em ferro,
por mão de um Deus a tua frente adorna:
mais durarás do que o Cefás do Serro.

"NÃO AFLIGE DO POTRO A VIVA QUINA"

Não aflige do potro a viva quina;
da férrea maça o golpe não me ofende;
sobre as chamas a mão se não estende;
não sofro do agulhete a ponta fina.

Grilhão pesado os passos não domina;
cruel arrocho a testa me não fende;
à força perna ou braço se não rende;
longa cadeia o colo não me inclina.

Água e pomo faminto não procuro;
grossa pedra não cansa a humanidade;
a pássaro voraz eu não aturo.

Estes males não sinto, é bem verdade;
porém sinto outro mal inda mais duro:
da consorte e dos filhos a saudade!

"EU NÃO LASTIMO O PRÓXIMO PERIGO"

Eu não lastimo o próximo perigo,
uma escura prisão, estreita e forte;
lastimo os caros filhos, a consorte,
a perda irreparável de um amigo.

A prisão não lastimo, outra vez digo,
nem o ver iminente o duro corte;
que é ventura também achar a morte,
quando a vida só serve de castigo.

Ah, quem já bem depressa acabar vira
este enredo, este sonho, esta quimera,
que passa por verdade e é mentira!

Se filhos, se consorte não tivera,
e do amigo as virtudes possuíra,
um momento de vida eu não quisera.

ODES E OUTROS POEMAS

"TARDE JUNO ZELOSA"

    Tarde Juno zelosa
vê Júpiter, o Deus onipotente,
    em Alcmena formosa
ter Hércules; e tanto esta dor sente,
    que, em desafogo à pena,
trabalhos mil de Jove ao filho ordena.
    Manda-lhe, enfurecidas,
duas serpentes logo ao berço terno,
    criadas e nascidas
no infernal furor do Stígio Averno;
    mas nada surte efeito,
se um sangue onipotente anima o peito:
    nas mãos o forte infante
despedaça as serpentes venenosas
    e fica triunfante
das ciladas mortais e furiosas,
    que Juno lh'ordenava,
quando ele a viver mal começava.
    Cresce, e a cruel madrasta,
que, sempre nos seus danos diligente,
    a vida lhe contrasta,
ou que viva em descansos não consente,
    faz com que, vagabundo,
corra, sempre em trabalhos, todo o mundo.
    Aqui lhe põe, irada,

de diversas cabeças a serpente,
que em briga porfiada
trabalha por troncar inutilmente:
divide-as, mas que importa,
se outras tantas lhe nascem quantas corta?
Enfim, por força e arte,
este monstro cruel deixa vencido,
que já em outra parte
trabalhos lhe tem Juno apercebido,
tais que eu não sei dizê-los,
mas pode o peito de Hércules sofrê-los.

Triunfando e vencendo,
fazendo-se no mundo mais famoso,
a Terra toda enchendo
de seu heróico nome glorioso,
no templo da Memória
gravou o *Non plus ultra*, a sua glória.

"BÁRBARA BELA"

Bárbara bela,
do Norte estrela,
que o meu destino
sabes guiar,
de ti ausente,
triste, somente
as horas passo
a suspirar.
    Isto é castigo
    que Amor me dá.

Por entre as penhas
de incultas brenhas
cansa-me a vista
de te buscar;
porém não vejo
mais que o desejo,
sem esperança
de te encontrar.
    Isto é castigo
    que Amor me dá.

Eu bem queria
a noite e o dia
sempre contigo
poder passar;
mas orgulhosa
sorte invejosa
desta fortuna
me quer privar.
    Isto é castigo
    que Amor me dá.

Tu, entre os braços,
ternos abraços
da filha amada
podes gozar.
Priva-me a estrela
de ti e dela,
busca dois modos
de me matar.
    Isto é castigo
    que Amor me dá.

"NÃO OS HERÓIS, QUE O GUME ENSANGÜENTADO"

Não os heróis, que o gume ensangüentado
    Da cortadora espada,
em alto pelo mundo levantado,
    trazem por estandarte
    dos furores de Marte;
nem os que, sem temor do irado Jove,
    arrancam, petulantes,
da mão robusta, que as esferas move,
    os raios crepitantes,
e, passando a insultar os elementos,
    fazem cair dos ares
    os cedros corpulentos,
por ir rasgar o frio seio aos mares,
    levando a toda a terra,
tinta de sangue, envolta em fumo, a guerra.

Ensangüentados rios, quantas vezes
    vistes os férteis vales
    semeados de lanças e de arneses?
    Quantas, ó Ceres loura,
crescendo uns males sobre os outros males,
em vez do trigo, que as espigas doura,
    viste espigas de ferro,
frutos plantados pelas mãos do erro,
e, colhidos em montes sobre as eiras,

rotos pedaços de servis bandeiras!
Inda leio na frente ao velho Egito
    o horror, o estrago, o susto,
por mãos de heróis tiranamente escrito;
César, Pompeu, Antônio, Crasso, Augusto,
nomes que a Fama pôs dos deuses perto,
    reduziram por glória
cidades e províncias a deserto;
e apenas conhecemos pela História,
    que o tem roubado às eras,
qual fosse a habitação que hoje é das feras.

Bárbara Roma, só por nome augusta,
    desata o pranto, vendo
a conquista do mundo o que te custa;
cortam os fios dos arados tortos
trezentos Fábios num só dia mortos;
zelosa negas um honrado asilo
    ao ilustre Camilo;
a Mânlio, ingrata, do escarpado cume
    arrojas por ciúme,
e vês a sangue frio, ó povo vário,
subir Marcelo as proscrições de Mário.
Grande Marquês, os Sátiros saltando
    por entre verdes parras,

defendidas por ti de estranhas garras;
     os trigos ondeando
     nas fecundas searas;
os incensos fumando sobre as aras,
     à nascente cidade
mostram a verdadeira heroicidade.

Os altos cedros, os copados pinhos
     não a conduzir raios,
vão romper pelo mar novos caminhos;
e em vez de sustos, mortes e desmaios,
     danos da natureza,
vão produzir e transportar riqueza.

O curvo arado rasga os campos nossos
sem turbar o descanso eterno aos ossos;
frutos do teu suor, do teu trabalho,
     são todas as empresas;
unicamente à sombra de Carvalho
descansam hoje as quinas portuguesas.

Que importam os exércitos armados,
no campo com respeito conservados,
se lá do gabinete a guerra fazes
e a teu arbítrio dás o tom às pazes?

que, sendo por mão destra manejada,
a política vence mais que a espada.

Que importam tribunais e magistrados,
    asilos da inocência,
se pudessem temer-se declarados
    patronos da insolência?
De que servirão tantas
tão saudáveis leis, sábias e santas,
    se, em vez de executadas,
forem por mãos sacrílegas frustradas?

Mas vives tu, que para o bem do mundo
    sobre tudo vigias,
cansando o teu espírito profundo,
    as noites e os dias.
Ah! quantas vezes, sem descanso uma hora,
vês recostar-se o sol, erguer-se a aurora,
enquanto volves com cansado estudo
as leis e a guerra, e o negócio, e tudo?

Vale mais do que um reino um tal vassalo:
graças ao grande rei que soube achá-lo.

"INVISÍVEIS VAPORES"

"Invisíveis vapores,
da baixa terra contra o Céu erguidos,
não ofuscam do sol os resplendores.
  Os padrões erigidos
à fé real nos peitos lusitanos
são do primeiro Afonso conhecidos.
  A nós, Americanos,
toca levar pela razão mais justa
do trono a fé aos derradeiros anos.
  Fidelíssima Augusta,
desentranhe um riquíssimo tesouro
do cofre americano a mão robusta.
  Se ao Tejo, ao Minho, ao Douro
lhe mostra um rei em bronze eternizado,
mostre-lhe a filha eternizada em ouro.

  Do trono os resplendores
façam a nossa glória, e vestiremos
bárbaras penas de vistosas cores.
  Para nós só queremos
os pobres dons da simples natureza,
e seja vosso tudo quanto temos.
  Sirva à real grandeza
a prata, o ouro, a fina pedraria,
que esconde destas serras a riqueza.

Ah! chegue o feliz dia,
em que do Mundo Novo a parte inteira
aclame o nome augusto de Maria.
Real, Real, Primeira!
Só esta voz na América se escute,
veja-se tremular ua bandeira!
Rompam instável sulco
do Pacífico mar na face plana
os galeões pesados de Acapulco.
Das serras da Araucana
desçam nações confusas, diferentes,
a vir beijar as mãos da soberana.
Chegai, chegai, contentes,
não temais dos Pissarros a fereza
nem dos seus companheiros insolentes.
A Augusta portuguesa
conquista corações, em todos ama
o soberano autor da natureza.
Por seus filhos vos chama,
vem pôr termo à nossa desventura
e os seus favores sobre nós derrama.

Se o Rio de Janeiro
só a glória de ver-vos merecesse,
já era vosso o Mundo Novo inteiro;

            eu fico que estendesse
do Cabo ao mar Pacífico as medidas
e por fora da Habana as recolhesse.
    Ficavam incluídas
as terras que vos foram consagradas,
apenas por Vespúcio conhecidas.
    As cascas enroladas,
os aromas e os índicos efeitos
poderão mais que as serras prateadas;
    mas nós, de amor sujeitos,
prontos vos ofertamos à conquista
bárbaros braços e constantes peitos.
    Pode a Tartária grega
a luz gozar da russiana aurora,
e a nós esta fortuna não nos chega?
    Vinde, real Senhora,
honrai os vossos mares por dous meses,
vinde ver o Brasil, que vos adora.
    Noronhas e Meneses,
Cunhas, Castros, Almeidas, Silvas, Melos,
têm prendido o Leão por muitas vezes.
    Fiai os reais selos
a mãos seguras, vinde descansada:
de que servem dous grandes Vasconcelos?
    Vinde a ser coroada

sobre a América toda, que protesta
jurar nas vossas mãos a lei sagrada.
　　Vai, ardente desejo,
entra humilhado na real Lisboa,
sem ser sentido do invejoso Tejo
　　Aos pés augustos voa,
chora e faze que a mãe, compadecida,
dos saudosos filhos se condoa.
　　Ficando enternecida,
mais do Tejo não temas o rigor:
tens triunfado, tens a ação vencida.
　　Da América o furor
perdoai, grande Augusta; é lealdade,
são dignos de perdão crimes de amor.
　　Perdoe a Majestade,
enquanto o Mundo Novo sacrifica
à tutelar, propícia Divindade.
　　O príncipe sagrado,
no Pão da Pedra, que domina a barra,
em colossal estátua levantado,
　　veja a triforme garra
quebrar-lhe aos pés Netuno furioso,
que o irritado sudoeste escarra;
　　e veja, glorioso,

vastíssima extensão de imensos mares,
que cercam seu império majestoso;
    honrando nos altares
ua mão, que o faz ver de tanta altura,
ambos os mundos seus, ambos os mares
    e a fé mais santa e pura
espalhada nos bárbaros desertos,
conservada por vós firme e segura.

    Sombra ilustre e famosa
do grande fundador do luso Império,
eterna paz eternamente goza.
Num e noutro hemisfério
tu vês os teus augustos descendentes
dar as leis pela voz do Ministério;
    e os povos diferentes,
que é impossível quase o numerá-los,
vêm a tributar-lhe honra, obedientes.
    A glória de mandá-los
pedem ao neto glorioso teu,
que adoram, rei, que servirão, vassalos."
    O índio o pé bateu,
tremeu a terra, ouvi trovões, vi raios,
e de repente desapareceu.

"MARÍLIA BELA"

Marília bela,
vou retratar-te,
se a tanto a arte
puder chegar.
Trazei-me, Amores,
quanto vos peço:
tudo careço
para a pintar.

Nos longos fios
de seus cabelos
ternos desvelos
vão se enredar.
Trazei-me, Amores,
Das minas d'ouro
rico tesouro
para os pintar.

No rosto, a idade
da primavera
na sua esfera
se vê brilhar.
Trazei-me, Amores,
as mais viçosas
flores vistosas
para o pintar.

Quem há que a testa
não ame e tema,
de um diadema
digno lugar?
Trazei-me, Amores,
da selva Idália
jasmins da Itália
para a pintar.

A frente adornam
arcos perfeitos,
que de mil peitos
sabem triunfar.
Trazei-me, Amores,
justos nivéis,
sutis pincéis
para a pintar.

A um doce aceno
dos brandos olhos,
setas a molhos
se vêem voar.
Trazei-me, Amores,
do sol os raios,
fiéis ensaios,
para os pintar.

Nas lisas faces
se vê a aurora,
quando colora
a terra e o mar.
Trazei-me, Amores,
as mais mimosas
pudicas rosas
para as pintar.

Os meigos risos
com graças novas
nas lindas covas
vão-se ajuntar.
Trazei-me, Amores,
nos pincéis leves
as sombras leves,
para os pintar.

Vagos desejos
da boca as brasas
as frágeis asas
deixam queimar.
Trazei-me, Amores,
corais subidos,
rubins partidos,
para a pintar.

Entre alvos dentes,
postos em ala,
suave fala
perfuma o ar.
Trazei-me, Amores,
nas conchas claras,
pérolas raras,
para os pintar.

O colo, Atlante
de tais assombros,
airosos ombros
corre a formar.
Trazei-me, Amores,
jaspe às mãos cheias,
de finas veias,
para o pintar.

Do peito as ondas
são tempestades,
onde as vontades
vão naufragar.
Trazei-me, Amores,
globos gelados,
limões nevados
para o pintar.

Mãos cristalinas,
roliços braços,
que doces laços
prometem dar.
Trazei-me, Amores,
as açucenas,
das mais pequenas,
para as pintar.

A delicada,
gentil cintura
toda se apura
em se estreitar.
Trazei-me, Amores,
ânsias que fervem:
só essas servem
para a pintar.

Pés delicados
ferindo a terra,
às almas guerra
vêm declarar.
Trazei-me, Amores,
as setas prontas
de curtas pontas
para os pintar.

Porte de deusa,
espírito nobre,
e o mais, que encobre
pejo vestal.
Só vós, Amores,
que as Graças nuas
vedes, as suas
podeis pintar.

"OH, QUE SONHO, OH, QUE SONHO EU TIVE NESTA"

Oh, que sonho, oh, que sonho eu tive nesta
feliz, ditosa, sossegada sesta!
Eu vi o Pão d'Açúcar levantar-se,
e no meio das ondas transformar-se
na figura do Índio mais gentil,
representando só todo o Brasil.
Pendente a tiracol de branco arminho,
côncavo dente de animal marinho
as preciosas armas lhe guardava:
era tesouro e juntamente aljava.
De pontas de diamante eram as setas,
as hásteas de ouro, mas as penas pretas;
que o Índio valeroso, ativo e forte,
não manda seta em que não mande a morte.
Zona de penas de vistosas cores,
guarnecida de bárbaros lavores,
de folhetas e pérolas pendentes,
finos cristais, topázios transparentes,
em recamadas peles de saíras,
rubins, e diamantes e safiras,
em campo de esmeralda escurecia
a linda estrela que nos traz o dia.
No cocar... oh! que assombro, oh! que riqueza!
vi tudo quanto pode a natureza:
no peito, em grandes letras de diamante,

o nome da Augustíssima Imperante.
De inteiriço coral novo instrumento
as mãos lhe ocupa, enquanto ao doce acento
das saudosas palhetas, que afinava,
Píndaro Americano assim cantava:
"Sou vassalo, sou leal;
como tal,
fiel, constante,
sirvo à glória da imperante,
sirvo à grandeza real.
Aos Elísios descerei,
fiel sempre a Portugal,
ao famoso vice-rei,
ao ilustre general,
às bandeiras que jurei.
Insultando o fado e a sorte
e a fortuna desigual,
a quem morrer sabe, a morte
nem é morte nem é mal."

"SEGUE DOS TEUS MAIORES"

Segue dos teus maiores,
ilustre ramo, as sólidas pisadas;
espalha novas flores
sobre as suas ações, grandes e honradas;
abre da tua mão da glória o templo,
mas move o braço pelo seu exemplo.

A herdada nobreza
aumenta, mas não dá merecimento;
dos heróis a grandeza
deve-se ao braço, deve-se ao talento;
e assim foi que, acalcando o seu destino,
deu leis ao mundo o cidadão de Arpino.

Abre-te a nova terra
para heróicas ações um plano vasto;
ou na paz ou na guerra
orna os triunfos teus de um novo fasto;
faze servir aos Castros e aos Mendonças
malhados tigres, marchetadas onças.

Não há bárbara fera
que o valor e a prudência não domine.
Quando a razão impera,
que leão pode haver que não se ensine?
E o forte jugo, por si mesmo grave,
a doce mão que o põe o faz suave.

Que fez a Natureza
em pôr neste país o seu tesouro,
   das pedras na riqueza,
nas grossas minas abundantes de ouro,
se o povo miserável?... Mas que digo:
povo feliz, pois tem o vosso abrigo!

   Já sobre os densos ares
  horrenda tempestade levantada
    abre o seio dos mares
para tragar a nau despedaçada...
Porém destro piloto arreia o pano,
salva o perigo e remedeia o dano.

   Assim a grande augusta,
que vê o mal com ânimo paterno,
   em mão prudente e justa
vem colocar as rédeas do governo:
eu vejo a nau, já do perigo isenta,
buscar o porto livre da tormenta.

   A vós, florente ramo,
meus versos mal limados dirigia
....

"BÁRBAROS FILHOS DESTAS BRENHAS DURAS"

Bárbaros filhos destas brenhas duras,
nunca mais recordeis os males vossos;
revolvam-se no horror das sepulturas
dos primeiros avós os frios ossos:
que os heróis das mais altas cataduras
principiam a ser patrícios nossos;
e o vosso sangue, que esta terra ensopa,
já produz frutos do melhor da Europa.

Bem que venha a semente à terra estranha,
quando produz, com igual força gera;
nem do forte leão, fora da Espanha,
a fereza nos filhos degenera;
o que o estio numas terras ganha,
em outras vence a fresca primavera;
e a raça dos heróis da mesma sorte
produz no sul o que produz no norte.

Rômulo porventura foi Romano?
E Roma a quem deveu tanta grandeza?
Não era o grande Henrique lusitano:
quem deu princípio à glória portuguesa?
Que importa que José Americano
traga a honra, a virtude e a fortaleza
de altos e antigos troncos portugueses,
se é patrício este ramo dos Meneses?

Quando algum dia permitir o Fado
que ele o mando real moderar venha,
e que o bastão do pai, com glória herdado,
do pulso invicto pendurado tenha,
qual esperais que seja o vosso agrado?
Vós exp'rimentareis como se empenha
em louvar estas serras e estes ares
e venerar, gostoso, os pátrios lares.

Isto, que Europa barbária chama,
do seio das delícias, tão diverso,
quão diferente é para quem ama
os ternos laços de seu pátrio berço!
O pastor loiro, que o meu peito inflama,
dará novos alentos ao meu verso,
para mostrar do nosso herói na boca
como em grandezas tanto horror se troca.

"Aquelas serras na aparência feias,
— dirá José – oh quanto são formosas!
Elas conservam nas ocultas veias
a força das potências majestosas;
têm as ricas entranhas todas cheias
de prata, oiro e pedras preciosas;
aquelas brutas e escalvadas serras
fazem as pazes, dão calor às guerras.

"Aqueles matos negros e fechados,
que ocupam quase a região dos ares,
são os que, em edifícios respeitados,
repartem raios pelos crespos mares.
Os coríntios palácios levantados,
dóricos templos, jônicos altares,
são obras feitas desses lenhos duros,
filhos desses sertões feios e escuros.

"A c'roa de oiro, que na testa brilha,
e o cetro, que empunha na mão justa
do augusto José a heróica filha,
nossa rainha soberana augusta;
e Lisboa, da Europa maravilha,
cuja riqueza todo o mundo assusta,
estas terras a fazem respeitada,
bárbara terra, mas abençoada.

"Estes homens de vários acidentes,
pardos e pretos, tintos e tostados,
são os escravos duros e valentes,
aos penosos trabalhos acostumados:
Eles mudam aos rios as correntes,
rasgam as serras, tendo sempre armados
da pesada alavanca e duro malho
os fortes braços feitos ao trabalho.

"Porventura, senhores, pôde tanto
o grande herói, que a antigüidade aclama,
porque aterrou a fera de Erimanto,
venceu a Hidra com o ferro e chama?
Ou esse a quem da tuba grega o canto
fez digno de imortal e eterna fama?
Ou inda o macedônico guerreiro,
que soube subjugar o mundo inteiro?

"Eu só pondero que essa força armada,
debaixo de acertados movimentos,
foi sempre uma com outra disputada
com fins correspondentes aos intentos.
Isto que tem co'a força disparada
contra todo o poder dos elementos,
que bate a forma da terrestre esfera,
apesar duma vida a mais austera?

"Se o justo e útil pode tão somente
ser o acertado fim das ações nossas,
quais se empregam, dizei, mais dignamente
as forças destes ou as forças vossas
Mandam a destruir a humana gente
Terríveis legiões, armadas grossas;
a procurar o metal, que acode a tudo,
é destes homens o cansado estudo.

"São dignos de atenção..." Ia dizendo
a tempo que chegava o velho honrado,
que o povo reverente vem benzendo
do grande Pedro co poder sagrado;
e já o nosso herói nos braços tendo,
o breve instante em que ficou calado,
de amor em ternas lágrimas desfeito,
estas vozes tirou do amante peito:

"Filho, que assim te chamo, filho amado,
bem que um tronco real teu berço enlaça,
porque foste por mim regenerado
nas puras fontes da primeira graça;
deves o nascimento ao pai honrado,
mas eu de Cristo te alistei na praça;
e estas mãos, por favor de um Deus eterno,
te restauraram do poder do Inferno.

"Amado filho meu, torna a meus braços,
permita o Céu que a governar prossigas,
seguindo sempre de teu pai os passos,
honrando as suas paternais fadigas.
Não receies que encontres embaraços
aonde quer que o teu destino sigas,
que ele pisou por todas estas terras
matos, rios, sertões, morros e serras.

"Valeroso, incansável, diligente
no serviço real, promoveu tudo
já nos países do Puri valente,
já nos bosques do bruto Boticudo;
sentiram todos sua mão prudente
sempre debaixo de acertado estudo;
e quantos viram seu sereno rosto
lhe obedeceram por amor, por gosto.

"Assim confio o teu destino seja,
servindo a pátria e aumentando o Estado,
zelando a honra da Romana Igreja,
exemplo ilustre de teus pais herdado;
permita o Céu que felizmente veja
quanto espero de ti desempenhado.
Assim, contente, acabarei meus dias;
tu honrarás as minhas cinzas frias."

Acabou de falar o honrado velho,
com lágrimas as vozes misturando.
Ouviu o nosso herói o seu conselho,
novos projetos sobre os seus formando:
propagar as doutrinas do Evangelho,
ir aos patrícios seus civilizando;
aumentar os tesouros da Reinante
são seus desvelos desde aquele instante.

Feliz governo, queira o Céu sagrado
que eu chegue a ver esse ditoso dia,
em que nos torne o século doirado
dos tempos de Rodrigo e de Maria;
século que será sempre lembrado
nos instantes de gosto e de alegria,
até os tempos, que o Destino encerra,
de governar José a pátria terra.

BIOGRAFIA

Os dados algo controversos que ainda cercam a biografia de Inácio José de Alvarenga Peixoto revelam que ele nasceu em 1743 ou 1744 na cidade do Rio de Janeiro, onde iniciou os estudos elementares provavelmente no colégio dos jesuítas, para logo em seguida – o poeta tinha apenas 8 ou 9 anos de idade – viajar para Braga, em Portugal, e lá, encaminhado por parentes, teria prosseguido sua instrução em alguma outra escola religiosa.

Criou-se em Braga – de acordo com os apontamentos de M. Rodrigues Lapa[1] – deslocou-se para Coimbra, matriculando-se em Leis em 1º de outubro de 1760, mas interrompendo o curso um ano depois para viajar ao Brasil acompanhado de um tio de Tomás Antônio Gonzaga. Retomado o curso em outubro de 1763, cola grau em 3 de fevereiro de 1767.

O poeta foi aluno distinto e depois de formado regeu por alguns meses a cadeira de Instituta do curso jurídico, condição que aliou às vantagens de grande herança deixada pelo pai, uma fortuna em terras (dizia-se na época) que, embora vinculada a demorada pendência judicial, permitiu-lhe viver à larga em

---

1. Ver a respeito a referência aos levantamentos que Lapa desenvolveu no Arquivo da Torre do Tombo indicados na nota 3 no Prefácio de seu livro *Vida e obra de Alvarenga Peixoto*. Rio de Janeiro: INL-MEC, 1960. p. X.

torno do dinheiro que lhe era adiantado pelos empréstimos ao longo da vida acadêmica. Em Coimbra foi companheiro de Tomás Antônio Gonzaga e de Domingos Caldas Barbosa e envolveu-se na chamada "guerra dos poetas" alinhado ao grupo de João Xavier de Matos,[2] ocasião em que um de seus sonetos – o que começa com o verso *Por mais que os alvos cornos curve a Lua* – foi ruidosamente vaiado pelo grupo oponente.

De Coimbra, onde se habilitou a exercer a magistratura, Alvarenga Peixoto saiu nomeado juiz de fora para a vila de Sintra, em janeiro de 1769, posto em que ficou até dezembro de 1772, alternando aos despachos judiciais intensa atividade poética em que se incluem os versos líricos que dedicou à bela musa D. Joana Isabel de Lencastre Forjaz, da alta aristocracia minhota. A vida extravagante e as dívidas crescentes que contraía em nome da herança a receber acabaram-no desviando da mulher amada, que preferiu a companhia mais serena de um jovem professor de matemática da Universidade de Coimbra, José Anastácio da Cunha.

Em janeiro de 1774 uma ode em louvor do marquês de Pombal lida numa sessão de homenagem ao ministro de D. José I abre o caminho para a nomeação de Alvarenga Peixoto como Ouvidor do Rio das Mortes a partir de março do ano seguinte, posto que só veria a ocupar em agosto de 1776 quando é oficialmente empossado em São João del-Rei. O próprio

---

2. "Esse grupo – informa M. Rodrigues Lapa – reunido na livraria de Desidério Marques Leão, compreendia, além dos dois, ainda Reis Quita, o suave poeta bucólico, e um acólito de Quita, o poeta menor Pedegache, de origem suíça." Ver Prefácio in *Vida e obra de Alvarenga Peixoto*, op. cit. p. XV.

marquês de Pombal, que já o havia indicado para o cargo de juiz de fora em Sintra, outorga-lhe também – conforme Varnhagen – "a patente de coronel do primeiro regimento auxiliar da Campanha do Rio Verde".[3] Informa Domingos Carvalho da Silva na edição que dedicou às *Obras* do poeta que este ficou conhecido em Minas Gerais como doutor Alvarenga e mais tarde como coronel Alvarenga, já que "o sobrenome Peixoto não lhe advinha dos pais, e ele, na verdade, não o usou antes da devassa da Inconfidência". A razão, conforme explica, é que "a escolha de sobrenome entre os dos avós e de outros ancestrais era [...] muito comum na época, o que explica o fato de irmãos usarem nomes muito diferentes".[4]

Bastante influente e cheio de ambições de riqueza, o poeta valeu-se do cargo para se aproximar de gente poderosa e influente, como o advogado Silveira e Sousa, de quem foi sócio na compra de terras e fazendas e de cuja filha, Bárbara Heliodora, então com 18 anos, se tornou amante em 1778, tendo com ela uma filha ilegítima, Maria Ifigênia, no ano seguinte, situação em que permaneceu até que o casamento de ambos fosse regularizado em dezembro de 1781 por imposição do bispado de Mariana.

A essa altura, já desligado das funções de Ouvidor, o poeta passa a se dedicar à mineração e à

---

3. VARNHAGEN, Francisco Adolfo de. "Inácio José de Alvarenga Peixoto" in *Florilégio da poesia brasileira*. Rio de Janeiro: Publicações da Academia Brasileira de Letras, 1946. tomo II, p. 11.
4. Cf. SILVA, Domingos Carvalho da. "Introdução" in *Obras poéticas de Inácio José de Alvarenga Peixoto*. São Paulo: edição patrocinada pela Prefeitura do Município, 1956. p. 7.

exploração de suas terras, valendo-se da influência do cargo que até há pouco exercera e afagando com os seus versos as autoridades que o protegiam e o favoreciam nas lides demarcatórias e nos conflitos que se antepunham ao projeto de ampliação de suas propriedades. À proporção que as dívidas aumentam e a vida dos negócios se amplia, cresce a sua dependência em relação aos protetores – entre eles o amigo João Roiz de Macedo – e às autoridades, que segue bajulando em versos com visível prejuízo da qualidade literária de sua poesia. É nesse momento que adere à conjura que se tramava em Vila Rica por ocasião do anúncio da *derrama* e passa a participar de reuniões secretas ora na casa de Tomás Antônio Gonzaga, ora na casa do tenente-coronel Francisco de Paula Freire de Andrada. "Os Estados Unidos – observa Varnhagen – haviam sido felizes contra a metrópole: o químico José Álvares Maciel, que voltava de estudos em França, onde vira os princípios da revolução, julgava encontrar em Minas recursos bastantes para susterse; [...] e o nosso poeta Alvarenga Peixoto, vendo ensejo favorável de realizar as suas idéias de formar-se um governo no Brasil, entusiasmou-se: improvisou logo a bandeira para o novo Estado, e propôs providências que se deviam adotar para criar partido e para resistir à guerra, na qual ele estaria à frente de seu regimento".[5] Traída a sedição e informadas as autoridades, o poeta acaba preso por ordem do governador Luís da Cunha Meneses em 20 de maio de 1789.

---

5. VARNHAGEN, F. A. de. "Inácio José de Alvarenga Peixoto", op. cit. p. 15.

Levado para o Rio de Janeiro, é conduzido ao cárcere da Ilha das Cobras, onde – longe da esposa e da família – vive um transe de profundo sofrimento. Ante a crise moral que o desesperava – como assinala M. Rodrigues Lapa – e ao contrário de Tomás Antônio Gonzaga, que soube resistir e defender-se com dignidade – o poeta "pôs a poesia de joelhos, pedindo misericórdia, ou em adoração aos grandes, com mostras de fidelidade muito duvidosa".[6]

Interrogado afinal pela justiça, Alvarenga Peixoto não conseguiu convencer as autoridades de sua inocência e foi condenado à morte por sentença que, segundo Varnhagen, chegou ao Rio de Janeiro em 1792 determinando que ficasse "infamada sua geração, confiscados os seus bens e posta sua cabeça em pelourinho em São João del-Rei". Nos termos do próprio Varnhagen, seguiu-se então *uma excelente catástrofe dramática*. "Sai o préstito sinistro; e ao chegar à forca é justiçado primeiro o réu que os juízes deram como o mais culpado. O carrasco espera a vítima imediata. Mas em lugar desta junto ao patíbulo lê-se um papel; e o grito de Perdão! Perdão! se propaga pelas turbas apinhadas! Era o decreto de anistia da Rainha Maria I, comutando aos outros a pena de morte. A Alvarenga Peixoto – arremata – destina-se o degredo perpétuo para o presídio de Ambaca nos sertões da África",[7] onde o poeta vem a falecer meses depois, em 27 de agosto de 1791, acometido pela malina tropical que grassava pelo presídio matando soldados e oficiais.

---

6. Cf. LAPA, M. Rodrigues. "Prefácio", cit. p. LII.
7. VARNHAGEN, F. A. de. "Inácio José de Alvarenga Peixoto", op. cit. p. 15.

Pondera Joaquim Norberto, no entanto, que a dita sentença "não era mais que uma farsa para incutir o terror e levar o pavor ao seio das famílias brasileiras". É que segundo ele os referidos juízes "tinham em seu poder há muito tempo a carta régia datada de Queluz a 15 de outubro de 1790, na qual a rainha os autorizava a comutar a pena de morte em degredo para vários presídios africanos". "A todos aproveitou o indulto régio – conclui Norberto – menos ao alferes Joaquim da Silva Xavier, que expiou por todos a iniciativa da independência da pátria."[8]

---

8. NORBERTO, Joaquim. "Notícia sobre Inácio José de Alvarenga Peixoto e suas obras" in *Obras poéticas de Inácio José de Alvarenga Peixoto*. Rio de Janeiro: Garnier, 1865. p. 58.

A DENÚNCIA E OS TORMENTOS

Joaquim Norberto de Sousa e Silva[1] narra do seguinte modo os momentos que se seguiram à tomada de consciência, por Alvarenga Peixoto, da denúncia iminente da conjura:

Passara o coronel Alvarenga tranqüilamente toda a semana santa, esquecido da conjuração e seus consócios, entregue aos prazeres domésticos, no meio de pequenas felicidades que reunidas valem mais do que uma grande fortuna, quando vieram visitá-lo o ardente padre Carlos Correia de Toledo, e o coronel Antônio de Oliveira Lopes. A conversação não podia ser outra senão a do levante. Na falta de notícias mais importantes contaram-lhe que o coronel Joaquim Silvério dos Reis, depois de uma revista dos corpos auxiliares pelo ajudante de ordens, o tenente-coronel José Carlos Xavier da Silva Ferrão, dissera sem rebuço em casa do capitão José de Resende Costa e em presença do mesmo ajudante de ordens que nestes países tão ricos e vastos bem se poderia fundar um império. Admiraram-se os dois de semelhante preposição à vista do ajudante de ordens, e tendo o vigário Carlos Correia de Toledo notado essa circunstância ao sobredito coronel Joaquim Silvério, compro-

---

1. *História da conjuração mineira* (Biblioteca Popular Brasileira, vol. XXVI). Rio de Janeiro: Imprensa Nacional, 1948. pp. 186-189.

metera-se este a assistir com dinheiro para o levante. Entrou o vigário para o interior da casa, a fim de cumprimentar a mãe de D. Bárbara Heliodora; e o coronel Francisco Antônio de Oliveira Lopes, que ficara a sós com o coronel Alvarenga, assegurou-lhe que os irmãos Toledos e o coronel Silvério tinham disposto a muita gente na Vila de São José, Borda do Campo e Tamanduá.

No dia seguinte saiu o coronel Alvarenga para a Vila de São José. Levavu pelo menos o pretexto de falar ao sargento-mor Domingos Barbosa Pereira sobre a execução que movia contra Sancha Maria da Mota, e ia na companhia dos dois amigos que o haviam visitado no dia antecedente. Jantaram todos eles na casa do vigário Carlos Correia de Toledo e rolou a conversação durante o jantar sobre o tema favorito, o que sem dúvida não poderiam fazer na casa do coronel Alvarenga por causa da família. Assegurou este que tendo estado em Vila Rica lá deixara o negócio em grande frieza, porque já se não lançava a derrama, e que sem este tributo, que tanto desgosto causaria ao povo, não via pretexto para revolta; mas que já agora se devia fazer alguma coisa visto ter-se tratado de semelhante matéria e poder vir a saber-se e serem punidos, como se ele surtisse o seu efeito. Nisso concordaram todos os três e ficaram de ajustar os meios. Pediu então o vigário ao coronel Alvarenga que lhe escrevesse a divisa republicana que havia sido proposta por ele. Recusou-se o coronel dizendo que em tal maneira não punha pena sobre papel, e que se quisesse que a escrevesse ele. Ditou e o vigário escreveu-a. Parece, porém, que o coronel não foi muito sincero neste ato, pois a divisa que escreveu o vigário foi a lembrada por Cláudio Manuel da Costa: Aut libertas aut nihil, a qual verteu depois o fundador do Império naquelas palavras imortais do Ipiranga – Independência ou morte!

Recolheu-se o coronel a sua casa, ao seio da sua família e poucos dias depois veio ainda procurá-lo o padre Carlos Correia de Toledo, que era agora o espectro do seu infortúnio. Levavam-no desta vez as apreensões que lhe deixaram nalma as comunicações que lhe fizera José Lourenço Ferreira, comandante do arraial da Igreja Nova. Asseverava o comandante que o coronel Joaquim Silvério tinha passado por ali em viagem para o Rio de Janeiro, certificando-lhe que recebera uma carta do vice-rei pedindo que se fosse despedir dele. Não parecia isto muito natural ao vigário, e supunha que tinha ido denunciá-los.

Ponderando o coronel Alvarenga que o remédio era ir também o vigário delatá-lo, afirmou o padre que não iria porém sim alguém por ele; e retirou-se. Entrou daí há dias o coronel Francisco Antônio de Oliveira Lopes. Era hora da Trindade; e vinha-lhe comunicar que Joaquim Silvério o tinha ido denunciar. Consolava-o porém a idéia de que também ele lhe havia oferecido dinheiro para o levante e que por sua parte o acusaria igualmente. Concordando o coronel Alvarenga, lhe disse com toda a calma que fosse quanto antes, mas em sua consciência que sobressaltos não lhe deram rebate nalma! Ao ver-se só durante a noite, pensou em sua esposa e nos seus filhos, essas inocentes criaturas, e estremeceu de susto com a idéia de uma separação eterna!... Impaciente, agitado, com os olhos arrasados de lágrimas, procurava por toda a parte o sossego que lhe fugira. Neste estado o veio encontrar a sua esposa, que bem suspeitava que grande tempestade se passava em sua alma, e lhe perturbava a razão. Vazou o amor conjugal no seio do anjo doméstico todos os seus arcanos. Patenteou com vivas cores a catástrofe tremenda que se aproximava, e a sorte cruel que aguardava os seus cândidos filhos. Para ele só havia um passo a dar que evitasse o medonho abismo que se abria para tragá-lo, e era este a – denúncia!

Tingiu a palidez da morte as faces da bela paulistana. Prostrou-se a esposa a seus pés e implorou-lhe com lágrimas e suspiros que não cometesse semelhante indiscrição, pois ia comprometer os seus amigos, atraindo sobre si a nódoa da delação. Conteve-se Alvarenga; abraçou a sua consorte como a sua maior amiga e beijou-a como o anjo da sua guarda. Procurou uma ilusão para si e para ela, e não enxergou mais em tudo quanto se passara nos conventículos do que uma prática hipotética sobre o que se poderia e não sobre o que se devia fazer. Tranqüilo com este engano de sua alma e este raciocínio de seu espírito, adormeceu nos braços de sua esposa.

Antes nunca mais acordassem!

BIBLIOGRAFIA

a) Obras do Autor: compilações e antologias:

BARBOSA, Januário da Cunha. "Breve notícia sobre a vida de Inácio José de Alvarenga Peixoto". *Parnaso brasileiro*. Rio de Janeiro: Tipografia Imperial e Nacional, 1829-31. tomo II, caderno 7.

CARVALHO DA SILVA, Domingos. *Obras poéticas de Inácio José de Alvarenga Peixoto* (edição, introdução e notas). São Paulo: Prefeitura do Município, 1956.

HOLANDA, Sérgio Buarque de. *Antologia dos poetas brasileiros da fase colonial*. Rio de Janeiro: Imprensa Nacional, 1952-53.

LAPA, Manuel Rodrigues. *Vida e obra de Alvarenga Peixoto*. Rio de Janeiro: INL/MEC, 1960.

PROENÇA FILHO, Domício (org.). *A poesia dos inconfidentes*. Rio de Janeiro: Nova Aguilar, 1996.

SILVA, João Manuel Pereira da. *Plutarco brasileiro*. Rio de Janeiro: Laemmert, 1843-48.

SILVA, Joaquim Norberto de Sousa. *Obras poéticas de Alvarenga Peixoto*. Rio de Janeiro: Garnier, 1865.

VARNHAGEN, Francisco Adolfo de. *Florilégio da poesia brasileira*. Rio de Janeiro: Academia Brasileira, 1946. 3 v.

b) Sobre o Autor, o estilo e a época:

ANDRADE, Oswald de. "A arcádia e a Inconfidência". *Obras completas*. Introdução de Benedito Nunes. 2. ed. Rio de Janeiro: Civilização Brasileira, 1978. v. VI.

ARINOS, Afonso. *O índio brasileiro e a Revolução Francesa*. *As origens brasileiras da teoria da bondade natural*. Rio de Janeiro: J. Olympio, 1956. Coleção Documentos Brasileiros, 7.

Autos de Devassa da Inconfidência Mineira. Rio de Janeiro: Ministério da Educação, Biblioteca Nacional, 1936-38. 7 v.

AZEVEDO, José Afonso Mendonça. "Documentos da Casa dos Contos". Belo Horizonte: ABN, LXV, 1945. p. 5-308.

BLAKE, A. V. A. do Sacramento. *Dicionário bibliográfico brasileiro*. Rio de Janeiro: Tipografia Nacional, 1883-1902. 7 v.

BOSI, Alfredo. *História concisa da literatura brasileira*. São Paulo: Cultrix, 1970.

CANDIDO, Antonio. *Formação da literatura brasileira (momentos decisivos)*. São Paulo: Martins, 1959. 2 v.

——. "Uma aldeia falsa". *Na sala de aula – cadernos de análise literária*. São Paulo: Ática, 1985.

——. "Os poetas da Inconfidência". *IX anuário do museu da Inconfidência*. Ouro Preto: Ministério da Educação/Instituto Brasileiro do Patrimônio Cultural, 1993. p. 130-137.

CARDOSO, Wilton. "Aspectos barrocos da lírica de Alvarenga Peixoto". *Seminário sobre a poesia mineira (período colonial)*. Belo Horizonte: Conselho Estadual de Cultura, 1984. p. 119-141.

CARPEAUX, Otto Maria. *Pequena bibliografia crítica da literatura brasileira*. Rio de Janeiro: Letras e Artes, 1964.

COSTA FILHO, Miguel. *O engenho de Alvarenga Peixoto*. Rio de Janeiro: Instituto do Açúcar e do Álcool, 1959.

COUTINHO, Afrânio (org.). *A literatura no Brasil*. Rio de Janeiro: Sul Americana, 1968. v. I.

FARIA, Alberto. *Aérides*. Rio de Janeiro: Jacinto Ribeiro dos Santos, 1918.

——. *Acendalhas*. Rio de Janeiro: Leite Ribeiro & Maurillo, 1920.

FRIEIRO, Eduardo. *O diabo na livraria do cônego. Como era Gonzaga e outros temas mineiros*. Belo Horizonte: Itatiaia, 1957.

GRUNEWALD, José Lino. *Os poetas da Inconfidência*. Rio de Janeiro: Nova Fronteira, 1989.

HOLANDA, Sérgio Buarque de. *Capítulos de literatura colonial*. Organização e introdução de Antonio Candido. São Paulo: Brasiliense, 1991.

LAPA, Manuel Rodrigues. "Uma forma dialetal num soneto de Alvarenga Peixoto". *Suplemento Literário Minas Gerais*. Belo Horizonte: 8 mar. 1975, n. 445, p. 6-7.

LIMA, Manuel de Oliveira. *Aspectos da literatura colonial brasileira*. Leipzig: Brockhaus, 1896.

LOPES, Hélio. *Letras de Minas e outros ensaios*. São Paulo: Edusp, 1998.

LUCAS, Fábio. *Luzes e trevas – Minas Gerais no século XVIII*. Belo Horizonte: Universidade Federal de Minas Gerais, 1999.

MALLARD, Letícia. "As louvações de Alvarenga Peixoto" in *A poesia dos inconfidentes* (Domício Proença Filho, org.). Rio de Janeiro: Nova Aguilar, 1996.

MARTINS, Wilson. *História da inteligência brasileira (1550-1794)*. São Paulo: Cultrix, 1977. v. I.

MAXWELL, Kenneth R. *Conflits and conspiracies: Brazil and Portugal, 1750-1808*. Cambridge: Cambridge University Press, 1973.

MENDONÇA, Carlos Sussekind de. *Alvarenga Peixoto*. Biblioteca da Academia Carioca de Letras, Caderno 9. Rio de Janeiro: Sauer, 1943. p. 7-66.

MENDONÇA, Marcos Carneiro de. *O marquês de Pombal e o Brasil*. São Paulo, 1960.

MORAES, Rubens Borba de. *Bibliografia brasileira do período colonial*. São Paulo: Instituto de Estudos Brasileiros, 1969.

MOTA, Arthur. *História da literatura brasileira. Época de transformação – século XVIII*. São Paulo: Nacional, 1930. v. II.

PARANHOS, Haroldo. *História do romantismo no Brasil*. São Paulo: Cultura Brasileira S/A (s.d.), 2 tomos.

POMBO, Manuel Ruela. *Inconfidência mineira (1789). Os conspiradores que vieram deportados para os presídios de Angola em 1792*. Luanda: Mondego, 1932.

RAMOS, Péricles Eugênio da Silva. "Poesia arcádica". *Do barroco ao modernismo*. Rio de Janeiro: Livros Técnicos e Científicos, 1979. p. 31-54.

ROMERO, Silvio. *História de literatura brasileira*. 2. ed. Rio de Janeiro: Garnier, 1902. 2 v.

SANTOS, Lúcio José dos. *A Inconfidência Mineira*. São Paulo, 1945.

SERNA, Jorge Antonio de la. *Arcádia: tradição e mudança*. São Paulo: Edusp, 1995.

SILVA, J. M. Pereira da. *Os varões ilustres do Brasil durante os tempos coloniais*. Paris: Livraria de A. Franck/Livraria de Guillaumin, 1858. 2 v.

SOUSA SILVA, Joaquim Norberto de. *História da conjuração mineira*. Rio de Janeiro: Garnier, 1873.

Suplemento literário Minas Gerais número 144. Belo Horizonte: 31 maio 1969 (edição dedicada a Alvarenga Peixoto).

TAUNAY, Alfred d'Escragnole. "Boatos sobre os inconfidentes mineiros (1789)". *Jornal do Comércio* (RJ), 1943.

TEIXEIRA, Ivan. *Mecenato pombalino e poesia neoclássica*. São Paulo: Edusp, 1999.

VALADÃO, Alfredo. *Campanha da Princesa*. Rio de Janeiro: Leuzinger, 1937. v. I.

VERÍSSIMO, José. "Arcádia e árcades brasileiros". *Estudos de literatura brasileira* (4ª série). Belo Horizonte: Itatiaia; São Paulo: Edusp, 1977. p. 87-106.

———. *História da literatura brasileira*. Lisboa: Tipografia da Ilustração, 1929.

WOLF, Ferdinand. *Le Brésil littéraire*. Berlim: Ascher, 1863. cap. VII.

REFERÊNCIAS

1. Em "Nas asas do valor em Ácio vinha" faz-se alusão ao célebre combate naval em que Otávio derrotou Marco Antônio, amante de Cleópatra, rainha do Egito. E também às conseqüências da perda do poder advindas do suicídio do famoso chefe militar romano. A observar, igualmente, a referência à "sombra de Túlio", que alude ao sacrifício de [Marco] Túlio [Cícero] por Otávio logo após o acordo político que este firmou com Marco Antônio, do qual resultou o segundo triunvirato. "Quirino" remete ao outro nome de Rômulo, o nume de Roma e seu primeiro rei, irmão de Remo, a quem assassinou dando nome à cidade. "Jove" é Júpiter, o senhor do Olimpo, filho de Saturno e de Réia. "Augusto" ou César Augusto é Caio Júlio César, o primeiro imperador romano, aclamado pelo Senado do povo romano como Imperador Augusto.

2. No soneto "Ó pai da pátria, imitador de Augusto" note-se o uso (raro) de "adiente" por "adiante" por imposição do esquema rimático dos quartetos. A referência a "Alexandre" da Macedônia, também chamado "o Grande", como "imitador de Augusto" completa-se com a de D.

"Dinis", o rei poeta fundador da Universidade de Lisboa, feliz à vista do rio Mondego e das belezas da cidade, aqui evocada como "a portuguesa Atenas".

3. Em "Por mais que os alvos cornos curve a lua" aparece uma evocação à figura de "Tétis", deusa grega do mar e, em Homero, mãe de Aquiles. "Maria" é d. Maria I, de Portugal; "Juno", a senhora do Olimpo, é no repertório da mitologia greco-latina irmã e mulher ciumenta de Júpiter, além de rainha dos deuses e dos homens. "Citeréia" alude a Vênus ou Afrodite, cultuada na ilha de Citera, sendo "Cíntia" a própria Diana, deusa da caça.

4. No soneto "Entro pelo Uraguai: vejo a cultura" há clara remissão ao poema épico de José Basílio da Gama, árcade e amigo de Alvarenga Peixoto, também envolvido na conjuração mineira. A alusão à "República perjura" indica a república fundada pelos jesuítas dos Sete Povos das Missões a que justamente se refere o poema de Basílio da Gama. "Alcides" é Gomes Freire de Andrade; "Termindo" é Termindo Sepílio, conhecido nome arcádico de Basílio da Gama; e "Caco" evoca o monstruoso gigante, metade homem, metade besta, filho de Vulcano e morto por Hercules em razão de haver roubado o gado de Gerião, "outro gigante, de três cabeças e três corpos, rei da Eritréia, dono de muitos rebanhos de que Hércules, por sua vez, se apoderava", segundo lemos em Letícia Mallard (op. cit.).

5. Em "Eu vi a linda Jônia e, namorado", "Cupido" é o deus do amor entre os romanos, correspondendo ao deus Eros entre os gregos; "Jônia", segundo Rodrigues Lapa (op. cit.), é a bela musa d. Joana Isabel de Lencastre Forjaz, senhora da mais alta aristocracia minhota", viúva aos 26 anos de idade de Fernando Martins Freire de Andrade e poetisa de pouca expressão, que "dava motes a glosar José Basílio da Gama, Tolentino e José Anastácio da Cunha".

6. Em "Não cedas, coração, pois nesta empresa", "Altéia" alude à mulher eólia que se relacionou com Dionísio (deus do vinho, filho de Zeus e de Semele – exaltador do prazer e do otimismo), do qual teve Dejanira, sendo esposa de Eneo, que fingiu desconhecer a situação e foi recompensado por Dionísio com a primeira cepa da vide e com a iniciação nos segredos da cultura e do uso do vinho.

7. Em "Nem fizera a discórdia o desatino", "Joana" é d. Joana Isabel de Alencastro Forjaz, já mencionada, que viveu uma aventura amorosa com Alvarenga Peixoto. "Tarquínio" remete ao rei Lúcio Tarquínio, o Soberbo, sétimo e último rei de Roma, casado com a filha do rei tirano Sérvio Túlio. Conta-se que o povo, indignado ante o mau procedimento de seu filho Tarquínio Sexto – que violara Lucrecia – o depôs e proclamou a República, antecipando a derrocada da Monarquia.

8. Em "Chegai, ninfas, chegai, chegai, pastores" o segundo verso do primeiro terceto – "qu'inda que esconde Jônia as graças belas" – é, segundo Letícia Mallard (op. cit.), uma possível alusão ao luto que prejudicava a beleza de Joana Isabel de Alencastro Forjaz.

9. Em "Passa-se ua hora, e passa-se outra hora" o declarativo "discorre" no primeiro verso do segundo terceto está por "medita" [nas tuas perfeições, gostosa lida].

10. No soneto "Ao mundo esconde o Sol seus resplandores", "Pã" é o deus dos campos e dos pastores, filho de Zeus e de Calisto ou de Hermes e Calisto, ou ainda de Hermes e Dríope. Peludo, pernas, chifres e pelos de bode, recebeu no Olimpo a mofa dos outros deuses. Protetor dos pastores, foi adestrado pelas ninfas para zelar pelos prados e rebanhos. Era também o deus da música, sendo-lhe atribuída a invenção da flauta. Seu culto nasceu na Arcádia, ampliando-se depois para todo o mundo clássico. "Vênus" é a designação latina de Afrodite, deusa do amor que emergiu da branca espuma do oceano, indo primeiro para ilha de Citera, depois para a ilha de Chipre e em seguida para o Olimpo, a morada dos deuses. "Palas" é a deusa da sabedoria, da guerra, das ciências e das artes. "Filhas da memória" alude às nove musas que, segundo a lenda, foram criadas por Zeus, depois da derrota dos Titãs, para celebrar as vitórias dos deuses do Olimpo. Conta-se que Zeus visitou por nove noites consecutivas o leito de Mnemosina, que

lhe deu nove filhas, que são as musas Clio (musa da História), Melpômene (da Tragédia), Tália (da Comédia), Euterpe (da Música), Terpsícore (da Dança), Érato (da poesia amorosa), Calíope (da épica), Urânia (da Astronomia) e Polímnia (do Canto).

11. Em "América sujeita, Ásia vencida", "Ulisses" é o filho de Laertes e de Anticléia, foi rei de Ítaca e símbolo do gênio, da habilidade e da audácia do mundo clássico. Herói da Odisséia, combateu valorosamente em Tróia, enganou a Cíclope e escapou do gigante Polifemo, indo depois atravessar o Oceano até desembarcar junto ao bosque de Proserpina, onde ofereceu sacrifícios e foi informado pelo adivinho Tirésias do que se passava em Ítaca, onde chegou depois de vinte anos de ausência, para – ajudado por Atenéia, o filho Telêmaco e por Eumeu – libertar a esposa Penélope dos pretendentes que desejavam entrar na posse de seus bens de pretensa viúva. Depois de identificar-se e agradecer aos deuses pelo regresso ao lar, foi visitar o velho pai Laertes, que há muitos anos se retirara da corte. "Pombal", louvado no soneto, é o marquês de Pombal, Sebastião José de Carvalho, ministro poderoso do rei D. José I, que por sua vez vem citado no primeiro verso do segundo terceto ("José"), em parelha que, na imaginação do poeta, se equipara em grandeza a Agripa (Marco Vipsânio Agripa, general e político romano que se notabilizou por ter vencido a já mencionada batalha de Ácio e ter-se casado com Júlia, filha de Augusto) e ao próprio

Augusto, imperador romano cujo governo, de tão notáveis realizações, ficou para sempre gravado na memória de Roma como "o século de Augusto"; mas também a Sully e Henrique, aludindo-se aqui a Maximilien de Béthume, barão de Rosny, duque de Sully (1559-1641), que foi ministro de Henrique IV e também seu secretário e conselheiro.

12. No soneto "Do claro Tejo à escura foz do Nilo" há referência ao rio "Tibre", que vem da Toscana, banha Roma e deságua no oceano próximo à região de Óstia, bem como ao general cartaginês Aníbal, que combateu contra Roma na segunda Guerra Púnica, antes de cruzar os Alpes e acabar vencido em Zama por Cipião, o africano – também mencionado no quarto verso do segundo quarteto, ao lado de Fábio e Camilo, este último sendo Marco Fúrio Camilo, general romano da antiga gens *fúria* que se tornou célebre na batalha contra os etruscos. "José" é outra alusão ao rei D. José I, a cuja morte o soneto é dedicado.

13. Em "Honradas sombras dos maiores nossos" a alusão ao "grande Afonso" remete provavelmente ao nome do marquês de Lavradio, como assinala Letícia Mallard, em texto anteriormente referido. "Carvalho" é o marquês de Pombal e "Almeida", ainda segundo a mesma fonte, é D. Luís de Almeida Portugal.

14. Em "Expõe Teresa acerbas mágoas cruas", "Teresa" indica Maria Teresa da Alemanha, a cujo reinado é comparado o de d. Maria I, de

Portugal. "Netuno" é o deus do mar, filho de Saturno e de Réia. Consta que, ao nascer, Réia o livrou de ser devorado pelo próprio pai, entregando o filho a uns pastores, que o criaram como filho. Diz a lenda que Netuno era, em dignidade, um deus igual a Zeus, embora menos dotado de poder. Os monstros marinhos o acatavam como rei e o próprio Oceano lhe abria a porta de seus caminhos. "Amatunta" no segundo verso do último terceto é o nome da legendária cidade da ilha de Chipre onde os fenícios estabeleceram feitorias e fortificações.

15. No soneto "A paz, a doce mãe das alegrias" a "lusitana augusta" que aparece no primeiro verso do segundo terceto alude à rainha d. Maria I, de Portugal, ainda uma vez aqui a ilustrar a vocação aulicista do poeta.

16. Em "Amada filha, é já chegado o dia" o poeta refere-se a d. Maria José Ferreira de Eça e Bourbon, que era esposa do governador D. Rodrigo José de Meneses.

17. Em "De meio corpo, nu, sobre a bigorna", "Vulcano" é o nome latino de Hefesto, deus do fogo e filho de Zeus e de Hera, lançado ao mar por sua mãe, que o julgava horrendo, mas salvo por Tétis e a oceânida Eurínome. Depois de nove anos de labuta numa gruta fabricando jóias destinadas às Nereidas, voltou ao Olimpo pelas mãos de Dionísio e passou a forjar armas e jóias para os deuses. Na ilha de Lemnos, para onde foi depois da guerra de Tróia, era adorado como deus da

metalurgia e também da saúde, por cauterizar feridas com os ferros candentes que fabricava. Anotados por Letícia Mallard (op. cit., p. 1154), seguem-se ainda as seguintes referências básicas do texto: "derradeiro ano", indicando o fim do mundo; "suntuoso passeio", aludindo ao Passeio público do Rio de Janeiro; "colosso", remetendo ao chafariz inaugurado no lugar onde seria depois erguida a praça 15 de Novembro.

18. Em "Que mal se mede dos heróis a vida", o "ilustre Marquês", no primeiro verso do primeiro terceto, é uma referência ao segundo marquês do Lavradio.

19. Em "A mão que aterra do Nemeu a garra" a garra do "Nemeu" remete ao episódio do Leão de Neméia, que Hércules trucidou com suas próprias mãos; "Atreu" é o rei de Micenas, filho de Pelops e de Hipodâmia e pai de Agamenão, Menelau e Plístines: ele se vingou de seu irmão Tiestes, que fugira com sua esposa Aerope, atraindo-o a Micenas e simulando que o perdoara, para então servir-lhe de comer os restos de Tântalo e Clístenes, filhos do próprio Tiestes; "Aquiles" é filho de Peleu e de Tétis: adestrado pelo centauro Quíron, que o alimentou com tutano de animais ferozes, converteu-se no principal herói da guerra de Tróia; "Sofonisba" é a rainha da Numídia, filha de Asdrúbal, mulher de Sifax e depois de Massinissa; "Fedra" alude à filha de Minos e de Pasifae, que, raptada por Teseu, com quem se casou, tentou seduzir a Hipólito, filho de Teseu; recusada por este, acusou-o junto ao

pai de havê-la pretendido; entregue por Teseu aos furores de Poseidon, Hipólito é assinado e Fedra, ao ser informada, comete suicídio; ainda no mesmo texto, "trifauce perro" é o cão de três cabeças que vigia a entrada do Inferno; "Brontes" é um dos quatro cavalos que arrastam o carro do sol; "Estígia" é a filha de Tétis e do Oceano, depois transformada na "Laguna Estígea", que circundava as paragens infernais impedindo o seu acesso; "o grande Castro" é uma alusão provável ao conde de Resende, segundo Rodrigues Lapa.

20. Em "Não aflige do potro a viva quina", em que o poeta aprofunda as ressonâncias amargas da saudade da filha e da esposa, a expressão "água e pomo" alude ao castigo que Tântalo sofreu nos infernos por haver revelado os segredos de Zeus, ou ainda por haver roubado o néctar e a ambrosia dos deuses: devorado pela sede e submerso até o pescoço em um lago, Tântalo, cada vez que, desesperado, tentava beber a água, esta desaparecia como por encanto; mais ainda: cercado de árvores frutíferas, ao tentar servir-se de seus pomos para aplacar a fome insuportável, o fruto era soprado pelos ventos e desaparecia nas nuvens. No segundo verso do mesmo terceto, "grossa pedra" é a pedra do suplício de Sísifo, que – trazido por Hermes aos infernos – foi ali condenado a arrastá-la para cima de um monte e a ir buscá-la lá embaixo ininterruptamente, já que não conseguia mantê-la lá em cima sempre que chegava ao topo. "Pássaro voraz", no terceiro verso, remete ao mito de Prometeu, que

roubou o fogo dos deuses e o deu aos homens: condenado por Zeus enfurecido, foi amarrado por Hefesto num pico do Cáucaso para que, durante o dia, uma águia lhe devorasse o fígado, que voltava a crescer durante a noite, para ser eternamente devorado nos dias que se sucediam.

21. No soneto "Eu não lastimo o próximo perigo", a referência à perda irreparável de "um amigo" alude à pessoa do poeta árcade Tomás Antônio Gonzaga.

22. Em "Tarde, Juno zelosa", "Alcmena" é uma das filhas de Electrion, rei de Micenas – que se casa com Anfitrion para vingar a morte de um irmão; seduzida por Zeus, pariu a Heracles, Hércules para os gregos; mortal, viveu muitos anos e, ao morrer, foi conduzida, por ordem de Zeus, aos Campos Elísios. Heracles é o maior herói da Antiguidade: induzido por Hera, Euristeu submeteu a Heracles doze trabalhos, entre os quais, além de o de matar um leão no monte Citero e de esmagar as duas serpentes enviadas por Hera contra ele, está o célebre episódio em que matou, na laguna de Lerna, a Hidra monstruosa de muitas cabeças que voltavam a crescer depois de cortadas. "Averno" é o nome latino de Hades, na mitologia grega o deus dos infernos, filho de Cronos e de Réia; por extensão, significa o inferno.

23. Em "Não os heróis, que o gume ensangüentado", o "irado Jove" é Júpiter ou Zeus para os gregos. "Ceres" é o nome latino de Demeter, filha de Cronos e de Réia e irmã de Zeus: é a deusa da terra,

a que proporciona frutos do campo e sobretudo o trigo; como ocorreu com os outros irmãos, foi devorada pelo pai, mas logo devolvida graças ao vomitório ministrado por Metis. "César" remete a Caio Júlio César (101-44 aC), general, imperador e autor dos *Comentários da guerra das Gálias*, um militar que se tornou, ao vencer Pompeu na guerra civil, ditador e cônsul perpétuo. "Pompeu" é Cneio Pompeu Magno (106-48 aC), general e cônsul romano que formou, com Crasso e César, o primeiro triunvirato. "Mânlio" representa o clã dos Mânlios romanos, célebre por fornecer políticos e homens públicos de expressão ao império romano. "Grande Marquês" alude ainda uma vez ao marquês de Pombal. Os "Sátiros" indicam os espíritos elementares que povoavam os bosques e as montanhas, alegrando festas e celebrações orgiásticas, durante as quais bailavam agitando instrumentos e bebendo bastante. Em seu aspecto físico, exibem o corpo coberto de pelos, além de patas e rabo de bode, com dois chifres pequenos na cabeça e orelhas pontiagudas. "Carvalho" é outra alusão a José de Carvalho, o marquês de Pombal.

24. Em "Invisíveis vapores", o nome augusto de "Maria" é o de d. Maria I, de Portugal; "Vespúcio" é o navegador italiano Américo Vespúcio, que atingiu a costa do Orinoco e percorreu a costa brasileira como integrante da primeira viagem de exploração marítima realizada pelos portugueses. "Dois grandes Vasconcelos" – segundo Letícia Mallard (op. cit., p. 1155) – são o

ex-vice-rei Luís de Vasconcelos e Sousa e Tomás de Lima Vasconcelos, presidente do erário real e ministro dos negócios externos do reino".

25. Em "Marília bela", "Atlante", no primeiro verso da décima primeira estrofe, alude ao vigoroso Atlas, o rei da Mauritânia, filho de Zeus e de Climene, que, segundo a lenda, foi condenado por Júpiter a sustentar nos ombros o peso dos céus.

26. Em "Oh, que sonho, oh, que sonho eu tive nesta", a "Augustíssima Imperante" é a rainha d. Maria I, de Portugal.

27. Em "Segue dos teus maiores", "Arpino" remete ao escritor, advogado e tribuno Marco Túlio Cícero, natural de Arpino.

28. Em "Bárbaros filhos destas brenhas duras", "José Americano" refere-se a José Tomás de Meneses (a quem o poema é dedicado), filho de D. Rodrigo José de Meneses, governador da capitania de Minas Gerais. "Erimanto", na décima estrofe, alude ao filho de Apolo, cegado por Afrodite, a quem surpreendeu banhando-se nos braços de Adônis; diz a lenda que Apolo, ressentido, transformou-se em javali e trucidou Adônis. Há quem diga que Erimanto é o formidável javali que Hércules capturou vivo. O "macedônio guerreiro" é Alexandre, o grande, fundador de Alexandria. O "velho honrado" a que alude a décima terceira estrofe é o bispo de Mariana, D. Domingo da Encarnação Pontével, de quem o governador era amigo, como registra Mallard

(op. cit., p. 1154). "Puri", ainda segundo Mallard, é possível alusão aos índios Puris, que viviam nos Estados do Rio de Janeiro e Minas Gerais. "Rodrigo" e "Maria", citados na última estrofe, são respectivamente o já mencionado governador Rodrigo José de Meneses e sua esposa, d. Maria José Ferreira de Eça e Bourbon.

As notas acima foram compostas com base nas seguintes fontes biobibliográficas:

MAGALHÃES, Álvaro. (org.). *Dicionário enciclopédico brasileiro ilustrado*. 4ª ed. Rio de Janeiro; Porto Alegre; São Paulo: Globo, 1954, 2 vols.

LAPA, Manuel Rodrigues. *Vida e obra de Alvarenga Peixoto*. Rio de Janeiro: MEC-INL, 1960.

Mentor – nuevo diccionario enciclopédico ilustrado. 7ª ed. Buenos Aires: Editorial Argentina, 1978.

GRIMAL, Pierre. *Dictionaire de la mythologie Grecque et Romaine*. Paris: Presses Universitaires de France, 1982.

SPALDING, Tássilo Orpheu. *Dicionário da mitologia latina*. São Paulo: Cultrix, 1982.

Dicionario de mitologia mundial. Madri: EDAF, 1984.

MALLARD, Letícia. "As louvações de Alvarenga Peixoto" in *A poesia dos inconfidentes – Cláudio Manuel da Costa, Tomás Antônio Gonzaga e Alvarenga Pei-*

xoto. PROENÇA, Domingos. (org.). Rio de Janeiro: Nova Aguilar, 1996. pp. 941-956.

BRANDÃO, Junito de Souza. *Mitologia grega*. 14ª ed. Petrópolis: Vozes, 2000.

ÍNDICE

Alvarenga Peixoto, louvor e tormentos 7

SONETOS

"Nas asas do valor, em Ácio vinha" 35
"Ó pai da pátria, imitador de Augusto" 36
"Por mais que os alvos cornos curve a Lua" 37
"Entro pelo Uraguai: vejo a cultura" 38
"Eu vi a linda Jônia e, namorado" 39
"Não cedas, coração, pois nesta empresa" 40
"Nem fizera a Discórdia o desatino" 41
"De açucenas e rosas misturadas" 42
"Chegai, ninfas, chegai, chegai, pastores" 43
"Passa-se ua hora, e passa-se outra hora" 44
"Ao mundo esconde o Sol seus resplandores" ... 45
"América sujeita, Ásia vencida" 46
"Do claro Tejo à escura foz do Nilo" 47
"Honradas sombras dos maiores nossos" 48
"Expõe Teresa acerbas mágoas cruas" 49
"A paz, a doce mãe das alegrias" 50

"Amada filha, é já chegado o dia" 51
"De meio corpo, nu, sobre a bigorna" 52
"Que mal se mede dos heróis a vida" 53
"A mão que aterra do Nemeu a garra" 54
"Não aflige do potro a viva quina" 55
"Eu não lastimo o próximo perigo" 56

ODES E OUTROS POEMAS

"Tarde Juno zelosa" 59
"Bárbara bela" 61
"Não os heróis, que o gume ensangüentado" 63
"Invisíveis vapores" 67
"Marília bela" 72
"Oh, que sonho, oh, que sonho eu tive nesta" 79
"Segue dos teus maiores" 81
"Bárbaros filhos destas brenhas duras" 83

Biografia 91

A denúncia e os tormentos 97

Bibliografia 101

Referências 109

COLEÇÃO MELHORES POEMAS

CASTRO ALVES
Seleção e prefácio de Lêdo Ivo

LÊDO IVO
Seleção e prefácio de Sergio Alves Peixoto

FERREIRA GULLAR
Seleção e prefácio de Alfredo Bosi

MARIO QUINTANA
Seleção e prefácio de Fausto Cunha

CARLOS PENA FILHO
Seleção e prefácio de Edilberto Coutinho

TOMÁS ANTÔNIO GONZAGA
Seleção e prefácio de Alexandre Eulalio

MANUEL BANDEIRA
Seleção e prefácio de Francisco de Assis Barbosa

CECÍLIA MEIRELES
Seleção e prefácio de Maria Fernanda

CARLOS NEJAR
Seleção e prefácio de Léo Gilson Ribeiro

LUÍS DE CAMÕES
Seleção e prefácio de Leodegário A. de Azevedo Filho

GREGÓRIO DE MATOS
Seleção e prefácio de Darcy Damasceno

ÁLVARES DE AZEVEDO
Seleção e prefácio de Antonio Candido

MÁRIO FAUSTINO
Seleção e prefácio de Benedito Nunes

ALPHONSUS DE GUIMARAENS
Seleção e prefácio de Alphonsus de Guimaraens Filho

OLAVO BILAC
Seleção e prefácio de Marisa Lajolo

JOÃO CABRAL DE MELO NETO
Seleção e prefácio de Antonio Carlos Secchin

FERNANDO PESSOA
Seleção e prefácio de Teresa Rita Lopes

AUGUSTO DOS ANJOS
Seleção e prefácio de José Paulo Paes

BOCAGE
Seleção e prefácio de Cleonice Berardinelli

MÁRIO DE ANDRADE
Seleção e prefácio de Gilda de Mello e Souza

PAULO MENDES CAMPOS
Seleção e prefácio de Guilhermino César

LUÍS DELFINO
Seleção e prefácio de Lauro Junkes

GONÇALVES DIAS
Seleção e prefácio de José Carlos Garbuglio

AFFONSO ROMANO DE SANT'ANNA
Seleção e prefácio de Donaldo Schüler

HAROLDO DE CAMPOS
Seleção e prefácio de Inês Oseki-Dépré

GILBERTO MENDONÇA TELES
Seleção e prefácio de Luiz Busatto

GUILHERME DE ALMEIDA
Seleção e prefácio de Carlos Vogt

JORGE DE LIMA
Seleção e prefácio de Gilberto Mendonça Teles

CASIMIRO DE ABREU
Seleção e prefácio de Rubem Braga

MURILO MENDES
Seleção e prefácio de Luciana Stegagno Picchio

Paulo Leminski
Seleção e prefácio de Fred Góes e Álvaro Marins

Raimundo Correia
Seleção e prefácio de Telenia Hill

Cruz e Sousa
Seleção e prefácio de Flávio Aguiar

Dante Milano
Seleção e prefácio de Ivan Junqueira

José Paulo Paes
Seleção e prefácio de Davi Arrigucci Jr.

Cláudio Manuel da Costa
Seleção e prefácio de Francisco Iglésias

Machado de Assis
Seleção e prefácio de Alexei Bueno

Henriqueta Lisboa
Seleção e prefácio de Fábio Lucas

Augusto Meyer
Seleção e prefácio de Tania Franco Carvalhal

Ribeiro Couto
Seleção e prefácio de José Almino

Raul de Leoni
Seleção e prefácio de Pedro Lyra

Alvarenga Peixoto
Seleção e prefácio de Antonio Arnoni Prado

*Bueno de Rivera**
Seleção e prefácio de Affonso Romano de Sant'Anna

*Cesário Verde**
Seleção e prefácio de Leyla Perrone-Moisés

*Antero de Quental**
Seleção e prefácio de Benjamin Abdala Junior

*Florbela Espanca**
Seleção e prefácio de Zina Bellodi

*Ivan Junqueira**
Seleção e prefácio de Ricardo Thomé

*PRELO**

Impressão e Acabamento
Com fotolitos fornecidos pelo Editor

EDITORA e GRÁFICA
VIDA & CONSCIÊNCIA

R. Agostinho Gomes, 2312 • Ipiranga • SP
Telefax: (11) 6161-2739 / 6161-2670
e-mail: gasparetto@snet.com.br
site: www.gasparetto.com.br